SCINTILLE DI PIETRA

Fantasaggio a colori per un manuale di cromoterapia applicata

Di

Nadia Farina

Ad Annabella
e a tutti i colori della sua vita

Premessa

Finalmente, dopo tanto vivere e cercare, sono riuscita a mettere la parola fine ad un testo che mi premeva da tanto. **Scintille Di Pietra** è la naturale conseguenza di una mostra del 2003 e di una serie di incontri con giovani interessati e curiosi che avevano desiderio di conoscere più da vicino e più profondamente il mondo dei colori.

Il sottotitolo, **Fantasaggio a colori per una manuale di cromoterapia applicata,** invece, è la dichiarazione di un progetto ambizioso che vorrebbe essere un piccolo vademecum da leggere e seguire con sufficiente serietà accompagnata però da appassionata leggerezza, non dimenticando che la realtà ha dei risvolti ricchi di fantasia e che la fantasia poggia su elementi reali. I simboli ci appartengono, nati dal bisogno dell'uomo di dare significati e valori trascendenti alle cose concrete, ed hanno spesso un profondo legame alla scienza, quando nascono dalla verità del pensiero.

Basta fermarsi un attimo a pensare a quale colore ci appartiene nella gioia o nel dolore, nel potere energetico o distruttivo, nell'entusiasmo o nella depressione, per avere una mappa da seguire per trovare il tesoro rappresentato da un sereno equilibrio che dona consapevolezza ed affetto per se stessi. Non è un ulteriore libro sulla cromoterapia, è un atto d'amore verso i colori, di chi li ha adoperati, di chi li vive, di chi ne ha fatto una ragione di vita.

Questa la breve cronaca di quegli incontri:

Nel 2005, ogni 15 giorni magicamente, il mio atelier si tingeva di un unico colore, con l'aiuto di quadri, stoffe, carte, oggetti, dagli usi più disparati. Aprire la porta significava entrare in un mondo assolutamente improbabile e farsi poi travolgere da quel colore che diventava il veicolo per raccontare storie, e leggere poesia e letteratura con pagine mai fini a se stesse, ma profondamente legate all'essenza di quel colore che di volta in volta veniva esaminato.

Gli incontri durati sei mesi, si arricchivano di esperienze personali ed hanno dato frutti imprevedibili: la libertà del pensiero, il vedere le cose con una straordinaria molteplicità e infine, una nuova capacità di rapportarsi col colore nel quotidiano, con uno studio approfondito del valore scientifico e simbolico del colore. Una esperienza indimenticabile e indimenticata e forse, irripetibile. Almeno secondo quelle modalità.

Dopo un paio d'anni cominciai a scrivere questo libro, che se comincia come una favola, somma di esperienze, di ricerca, di emozioni...diventò col tempo, un piccolo manuale di cromoterapia attraverso l'uso del colore, utilizzando i cinque sensi. Dopo tanti anni, dalla sua scrittura che ho messo in un cassetto, alla pubblicazione, è probabile che alcune indicazioni siano superate, mi rimane però la soddisfazione di essermi occupata tra i primi di questo argomento e che comunque possano essere utili.

Nadia Farina

L'ARCOBALENO

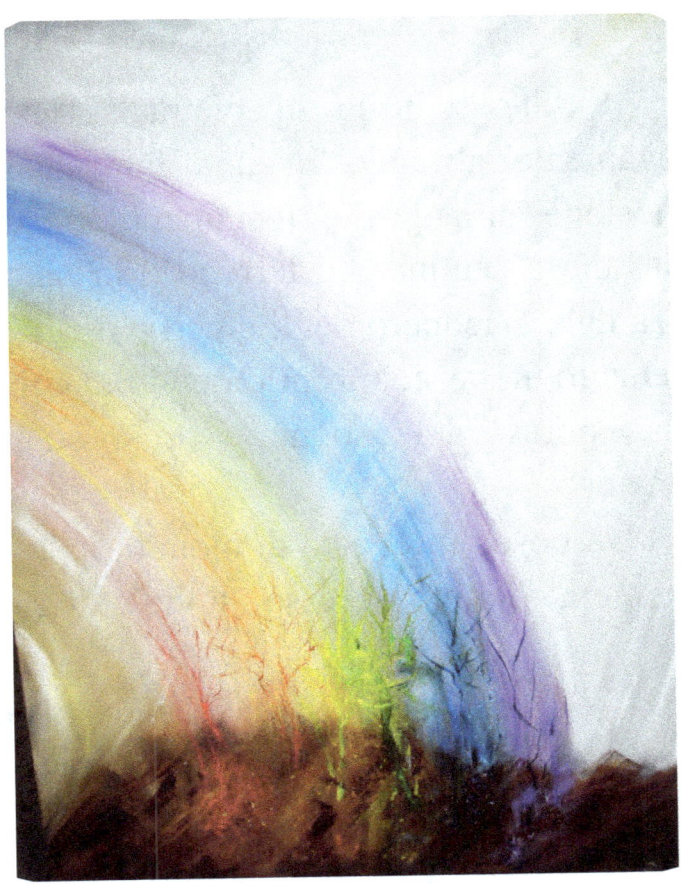

Chiudere gli occhi lasciando fuori il sole fu un istante, e l'iride fu al buio, ma dalle lacrime del giorno prima, ancora tra le ciglia, nacque un arcobaleno che si versò sulla terra colorando e sbriciolando i sassi che man mano toccava.

Alte scintille di pietra si levavano nuovamente al cielo in una fantasmagorica esplosione di colori e lentamente ricadendo, andavano a seminare il terreno e in un tempo senza date, nacquero degli alberi. Quegli alberi divennero un bosco, proprio quello in cui entrai dalla porta del sogno. Io, protagonista silenzioso.

Un bosco mai visto al mondo, in cui ogni albero era colorato di rosso, di viola di giallo di blu...

Il sentiero in salita che mi si apriva davanti snodandosi tra gli alberi, lasciava intravedere bagliori di luci che sembravano raccogliere tutte le energie di un tempo infinito, dove una luce tiepida ed accecante insieme, conferiva al bosco un calore avvolgente, intimo e fantastico.

L'oro il rosa e l'argento dei fasci luminosi, si mescolavano ai raggi del sole della luna dei lampioni accesi ai margini del sentiero, lasciando però, ad ogni raggio la sua identità. Così come di un fascio di fiori si ha una visione multicolore ma ogni fiore conserva la sua forma e il suo colore.

Non era magia. Ricordava piuttosto la dolce atmosfera di antichi pomeriggi domenicali fusi nel ricordo di tutte le stagioni.

Cominciai a camminare dando un peso ad ogni passo come se anche i miei piedi avessero gli occhi, occhi per guardare anche il più piccolo granellino di terra, coloratissimo anche quello.

10

10

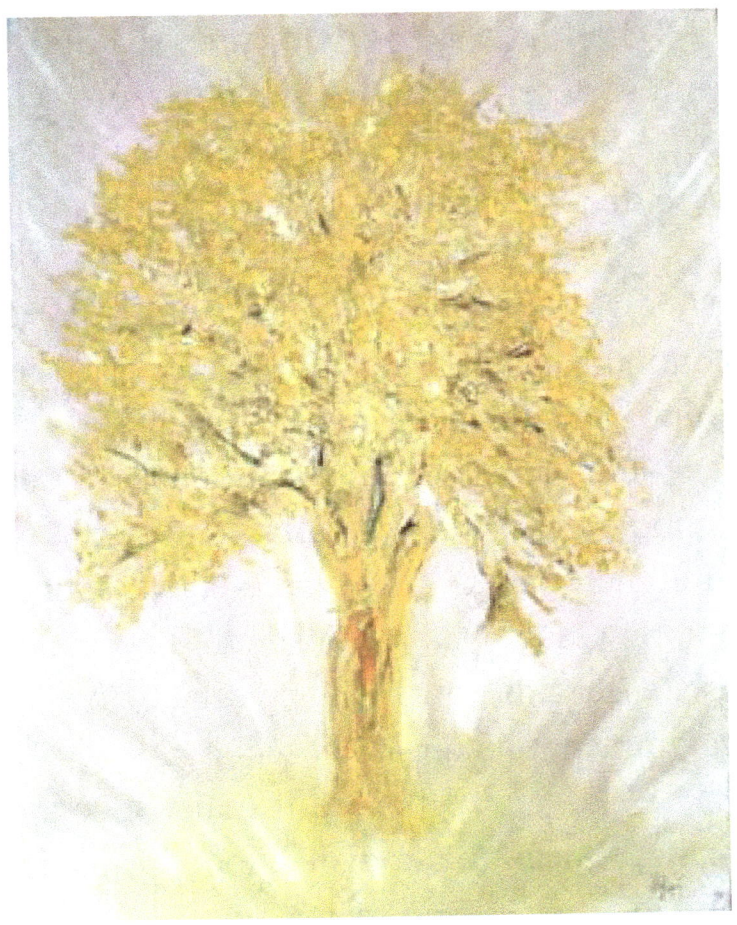

L'ALBERO GIALLO

Il primo ad attirarmi fu il ramo di un frondoso albero giallo, pareva una mano tesa al saluto e così lo toccai.

Fu come azionare un meccanismo.

Le foglie si aprirono come sbadigliando, i rami si stesero, il tronco si raddrizzò.

-" Buon mattino a te! – mi disse –"molto lieto di conoscerti!"

Sbalordito lo fissai.

-"Non meravigliarti di sentirmi parlare"- continuò - "in questo luogo molte cose ti stupiranno ma tu vivile serenamente.

Gli alberi che ti circondano sono il simbolo della vita che parla attraverso il colore, vita che quando si spegne, spegne anche ogni colore. Quanto sia prezioso ed importante nella esistenza di tutti i giorni, lo capirai camminando in questo bosco.

Troverai il bene e il male, il sogno e la realtà, l'incanto e la disillusione, il magico e il divino.

Troverai tante risposte e rimarrai con ancora più domande.

Troverai il significato profondo e la ragione delle cose e le parole che ascolterai sono le stesse che conosci senza saperlo.

Coglile, conservale, e non dimenticarle sulla veloce superficie della vita.

Ora ti dico chi sono:

Io sono l'albero giallo, colore del pensiero che ti accompagna sempre, non ti abbandona mai.

Guai quando lo fa!

Vive correndo e rapidamente attraversa la tua mente. A volte però, si attarda su un'immagine, un ricordo, una parola, per diventare conoscenza o per donare una emozione fonte di inesauribile esperienza che rende ricco colui che ne coltiva la saggezza.

Il mio caldo colore nasce quando il sole accende la luce sul mondo, e sveglia con la vivacità e la gioia, ogni energia dormiente, dona intuito ed attenzione, ottimismo nella razionalità e fiducia nel presente.

Evoca la trasformazione e la maturazione così che i greci ornano la fronte di Demetra, dea delle messi, con le spighe di grano ricche del mio colore che ha proprietà radiose, ed emettendo una luce che esalta, illumina e sacralizza, diviene espressione delle forze trascendenti e cosmiche da un lato all'altro del globo terrestre. Come simbolo dell'Altissimo e dell'Eterno, lo trovi sul vessillo del Santo Padre e sugli altari delle chiese cristiane, ma anche sulle insegne degli imperatori della antica Cina. Allorché i raggi del sole si fanno più caldi e vibranti, si impreziosisce nell'oro, attributo della luce divina e della perfezione.

Lo sai che per rischiararsi il cammino, il viaggiatore sperduto portava a mo' di lampada un ramo di vischio che il tempo aveva reso dorato e luminoso?

E d'oro era il falcetto che, senza contaminarle, recideva le piante preziose alla salute dell'uomo e d'oro è infine, la pietra filosofale che non stravolge ma accelera soltanto, l'opera del tempo sul naturale cambiamento.

Forse, ogni uomo ne viene in possesso l'ultimo istante della sua vita. Potrà così andare incontro a quella nuova e trascendente con la conquista del perdono, quello dovuto agli altri, ma soprattutto a sé.

E il cielo allora sarà d'oro, come le aureole dei santi, il trono dei re, l'anello del per sempre.

Se desidererai uno solo dei doni che possiedo, basterà che mi abbracci ed io trasferirò nella tua mente la luminosità del mio colore e con esso ti rivelerò e attiverò ciò che già è in te. Ma ora voglio presentarti all'albero viola, mio complementare amico, che mi fa brillare e che stempera il lato oscuro del mio colore, perché tutti, devi sapere, abbiamo un lato oscuro.

Anche l'oro, colore del metallo inalterabile e incorruttibile, che rende spesso l'uomo corrotto e traditore, che è agognato dai principi e dai re, dagli avidi e dai biblici e non solo, costruttori di idoli.

Ed il mio, purtroppo, è associato a Giuda, agli adulteri ed ai traditori che affinché fossero per sempre emarginati da una pubblica condanna, ebbero le porte delle loro case dipinte proprio di giallo.

I nazisti lo hanno usato come infamante marchio di persecuzione e gli attori del tempo antico, di giallo si tingevano il volto, quando volevano esprimere caratteri di negatività e gialla è pure la bandiera che sulle navi indica quarantena, inoltre, ha la tendenza alla depressione, al pessimismo, alla malattia.

E dicono che ingiallisce e lo definiscono giallastro!

Ma basta con i lati oscuri!

Per vedere il giallo più bello, che è diffuso ovunque, tra i fiori e nelle cose, nell'astratto e nel concreto, basta portare lo sguardo al cielo e farsi scaldare dai raggi del sole che sono raccolti dal topazio, preziosa pietra di cui ti faccio dono e che aiuta l'Io interiore ad emergere e l'anima, a raggiungere l'illuminazione.

E pensa anche alle mimose, che alte e felici, col giallo del sole che esplode sui rami, si muovono nel vento, leggere eppure forti. Gonfie di fierezza, ma pudiche, al solo tocco di una mano, ripiegano l'una sull'altra le foglie piumate verde argento e in un giorno d'inverno che sa già di primavera, porgono l'anima bella del loro orgoglio.

...E non esiste pittore che non mi abbia sulla sua tavolozza.

Pierre Bonnard, un artista fuori tempo, ha inviato sulla tela sensazioni di fresco, di concreta verità nel suo *"Studio con mimosa."*

Il più spirituale degli artisti, Marc Rothco, ci mise giallo e viola, uno accanto all'altro in ampie stesure, e pennellata dopo pennellata, insieme, abbiamo elevato una preghiera al cielo toccando le note più alte e i suoni più puri del nostro colore.

Lo struggente Van Gogh, invece, mi rappresentò nei miei lati estremi dipingendo la gioiosa attesa nei celebri *"Girasoli"* e nella *"Casa Gialla"* di Arles, ma anche il disperato male oscuro nel *"Campo di grano con i corvi"*.

Come vedi, non ti ho mentito.

Hai toccato con mano la bellezza e l'orrore della vita che il colore rappresenta.

D'ora in avanti, tua sarà la scelta!

Ma ora vai. Vai! Cammina libero, perché libero è il tuo pensiero."

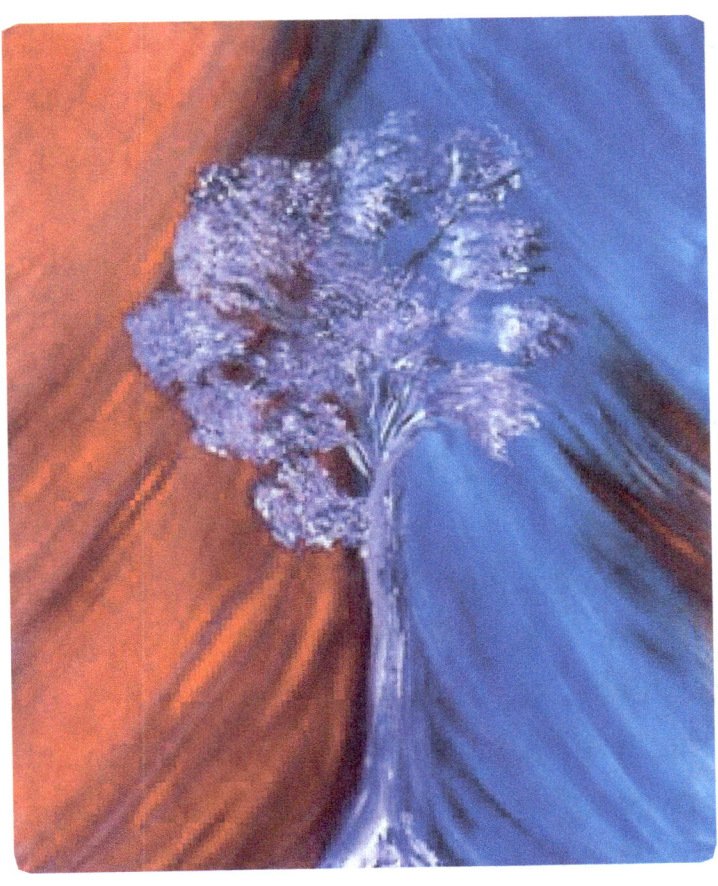

L'ALBERO VIOLA

 Davanti a me si ergeva un alto ed esile e forte albero viola dalle chiome piumate che mi salutò con un cenno del capo e così senza preamboli, si illustrò:

"Io sono l'albero viola, colore della nobiltà spirituale e sono figlio del rosso e del blu che si incontrano sul far della sera.

Dal loro amore nasce la mia invisibile essenza sempre in cerca di equilibrio tra l'astratto ed il concreto, perché elevo la spiritualità se in me prevale il blu, ma divento più fisico e materiale se mi intono nel prezioso porpora.

Raccontano che Leonardo meditasse contemplando i vetri viola delle chiese e che i musicisti si sentano ispirati dalle mie alte vibrazioni. Dicono ancora che guardo sull'oltre e riesco ad aprire le porte di mondi lontani e ultraterreni.

Eppure amo la temperanza e l'umiltà che ritrovi nella simbolica violetta, piccolo fiore del sottobosco di primavera che nasconde la sua fragile bellezza e il suo penetrante profumo sotto foglie tanto più grandi di lei.

Per coglierla, devi cercarla, abbassarti e piegare la schiena.

C'è chi ritiene che assorbo la luce e allora divento il colore della metamorfosi, spengo il rosso del fuoco e accendo la segretezza del blu, do pace e consolazione, sono anche il colore della obbedienza, della penitenza, del sacrificio, del sogno, della magia.

Sono un colore segreto e protettivo, amato dai bambini che sono ancora vicini alla verità e allo spirito.

Cercami sugli altari, mi troverai in quaresima, cercami tra i panneggi della *Maddalena*, tra gli ex voto.

Non cercarmi nei teatri dove non sono bene accetto.

Cercami ancora nei ritratti dei santi e dei devoti, dei martiri e degli eroi.

Cercami nel convolvolo che viene sacrificato per dare spazio alle piante che appena nate, ha invece protetto e sostenuto con il suo andare controcorrente.

Il convolvolo, spaventa per la forza dei viticci e la velocità dell'espansione, e lo chiamano invadente.

Viene così estirpato, senza pietà, lasciando cadere sul terreno, come gocce di sangue, impalpabili fiori viola carichi di semi e come martire ed eroe del mondo vegetale, va ad incontrare negli Elisi, i martiri e gli eroi del regno umano.

Cercami ancora nei quadri dell'esule volontario Marc Chagall che mi dipinse con l'amore e la preghiera, nei voli onirici delle sue tele, dove tempo spirito e spazio diventano favola attraverso il ricordo e la memoria.

Quella stessa che avrà in eredità il bambino che si nutre nel silenzio placentare, così permeato di viola!

Una memoria che poi perderà, entrando nella materialità del mondo. Sapevi che un bimbo appena nato sa camminare? Poi ...dimentica!

Cercami anche nell'opera di Kirchner, tedesco artista, che cancella ogni atmosfera fané spinto all'eccesso, dalla visione di una realtà attraversata da uno specchio deformato.

Ma pensa anche a Kandinskij che intinse il suo pennello nel mio colore per osare straordinari contrasti.

Il giorno che ti accorgessi di avere bisogno della memoria natale e vorrai un compagno in questo viaggio a ritroso, pensami, ed io ti inonderò di viola, lasciando cadere sul tuo capo anche una corona di oro giallo che ti difenderà dall'eccessivo orgoglio, dalla potenza senza saggezza, dall'arroganza della prepotenza, dal falso idealismo del mio lato negativo.

Avrai invece il saggio potere dei re, finché rimarrà inviolata la tua integrità".

Prima di lasciarmi andare, mi regalò una piccola storia che lo sapevo, non avrei mai più dimenticato:

" *In una bustina sottovuoto, con la data di scadenza ormai vicina, stava il seme di una viola.*

Lucido, cosciente, solo, al buio, fra pareti di alluminio.

Passava il tempo inesorabile e nessuno che staccasse quella busta dalla griglia del fiorista.

Fra non molto lo avrebbero gettato. Tutto sommato, non gli dispiaceva morire, ciò che lo rendeva triste, era di morire senza aver vissuto.

Quando un giorno, sentì di navigare nello spazio, pensò che il tempo era scaduto.

Le pareti di alluminio diventavano più calde. Era il fuoco? Lo avrebbero bruciato?

Forse aveva paura, ma non seppe riconoscerla e rimase in attesa. Una parola, questa sì, che conosceva bene.

Un fremito echeggiò, un piccolo boato irruppe nella busta, aria di luce lo investì.

Capovolto fu il suo spazio.

Si ritrovò in una mano.

Vide il sole per un attimo, poi poggiato nella terra e al buio ancora, un'altra volta, per rinascere una viola."

Finì di raccontare. Poi mi pregò di aprire una mano e vi poggiò una ametista che, mi disse: "ha la capacità di assorbire le energie negative trasformandole in positive attraverso le frequenze dei suoi raggi violetti."

Questo, il suo saluto: Una storia, una pietra, un'offerta di aiuto.

Dopo un incontro così intenso, altro non potei che un timidissimo grazie e un sì.

Sì.

Dentro di me l'avrei chiamato se fosse stato necessario.

E Lui, mi avrebbe sentito.

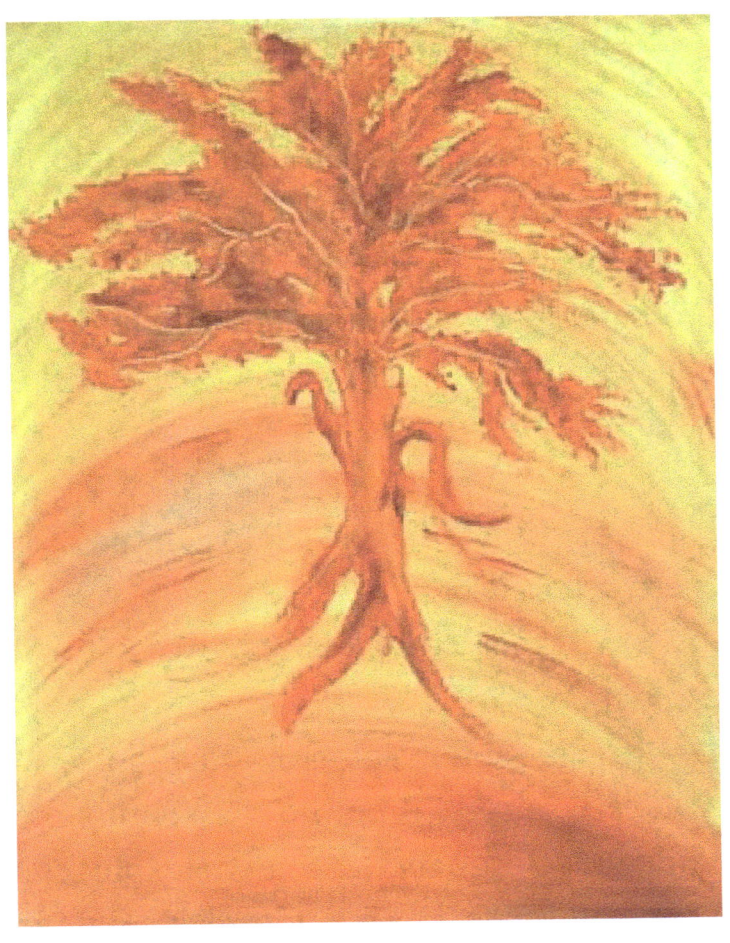

L'ALBERO ARANCIONE

L'albero giallo e l'albero viola mi stavano già alle spalle quando mi sentii chiamare:

-"Ehi tu? Che fai? Passi avanti e non saluti?".

Non c'era rimprovero nel suo tono, solo un allegro richiamo.

Chi mi parlava era un vigoroso ed ampio albero arancione dalle radici che si allungavano e si alzavano dal terreno ondeggiando al pari delle gambe di un etoile.

-"No...mi scusi, ero solo un po' sopra pensiero ...lei...lei è..."

Ero ormai completamente entrato nello spirito del bosco.

-"Io? Io sono l'albero arancione, come puoi vedere, e reco il colore del sentimento in movimento. Sorgo nella scia del sole che si curverà nel tramonto, quando la saggezza del giallo si fonde con il rosso dell'amore facendo battere il cuore, non troppo, non poco e avvolgo di calore l'affetto della autentica amicizia.

Danzo volentieri con grande respiro, spaziando nella luce.

Vieni con me, danzeremo insieme alle Muse vestite di pepli color zafferano e la mente si aprirà e daremo vita alla creatività.

Insieme mediteremo sulla gioia come fanno i seguaci di Osho Rajneesh e insieme, canteremo la gioia.

Vivremo in armonia protetti dalla croce dei Cavalieri del Santo Spirito e come bambini, prenderemo di ogni cosa la parte migliore.

Ti aiuterò ad essere disinvolto e avrai coraggio, se avrai coraggio il cuore si spalancherà alla disponibilità, alla spontanea semplicità, alla volontà di fare.

In sostegno a tutto questo, ti darò un opale di fuoco, la pietra trasparente dai riflessi aranciati e a Natale ti regalerò le arance affinché ti portino fortuna, prosperità e salute.

Sarai quindi sano nel corpo ma avrai anche il benessere dell'anima serena perché sarà più grande l'apertura del cuore, imparerai ad ascoltare chi non è come te e sarai più tollerante.

Ti piace tutto questo?

Se vuoi sarò tuo amico ma non permettermi di essere invadente, perché ti indurrei all'esibizionismo, alla triste malinconia, allo sconforto, fino a toglierti vitalità e sicurezza.

Ricorda anche che vivo in modo ambivalente tra bene e male, tra razionalità e istinto, tra spirito e carne.

Una prova tangibile di ciò che rappresento?

Molti pittori hanno sciolto il mio colore sulla loro tavolozza, per raccontarmi nei pregi e nelle cose amare, prendi per esempio, il veneziano Lotto che visse e dipinse i tormenti dello spirito inquieto tra angeli di carne e sante figure umane, con magiche atmosfere velate d'arancio.

Oppure prendi Turner, protagonista romantico della pittura inglese con preveggenze informali, che stracciando il colore, illuminò travolgenti mulinelli d'arancio con il movimento del divenire.

De Chirico ancora, prese la luce aranciata del meriggio, quando il sole è allo zenit, per fermare un fotogramma di eternità, l'attimo che tutto contiene."

...Parlava, parlava, irradiando il suo splendore, visibilmente felice del suo essere.

Era il colore della felicità questo?

Forse così si sente chi dà la sua vita momento per momento, nel bene o nel male, così come può, così come ne è capace...

A me, aveva scaldato il cuore.

All'improvviso l'albero tacque.

Mi tese un ramo e mi strinse forte una mano, prese l'altra e mi indicò dall'altro lato del sentiero, un albero i cui rami tutti diversi tra loro, si intrecciavano con i suoi.

-"Lo vedi?"- mi disse in un soffio.

—"Quello è l'albero blu. E' molto difficile stargli accanto, ma non puoi non conoscerlo. Ti presento lo spirito della verità".

Alzai lo sguardo e arretrai lentamente scivolando nei miei pensieri.

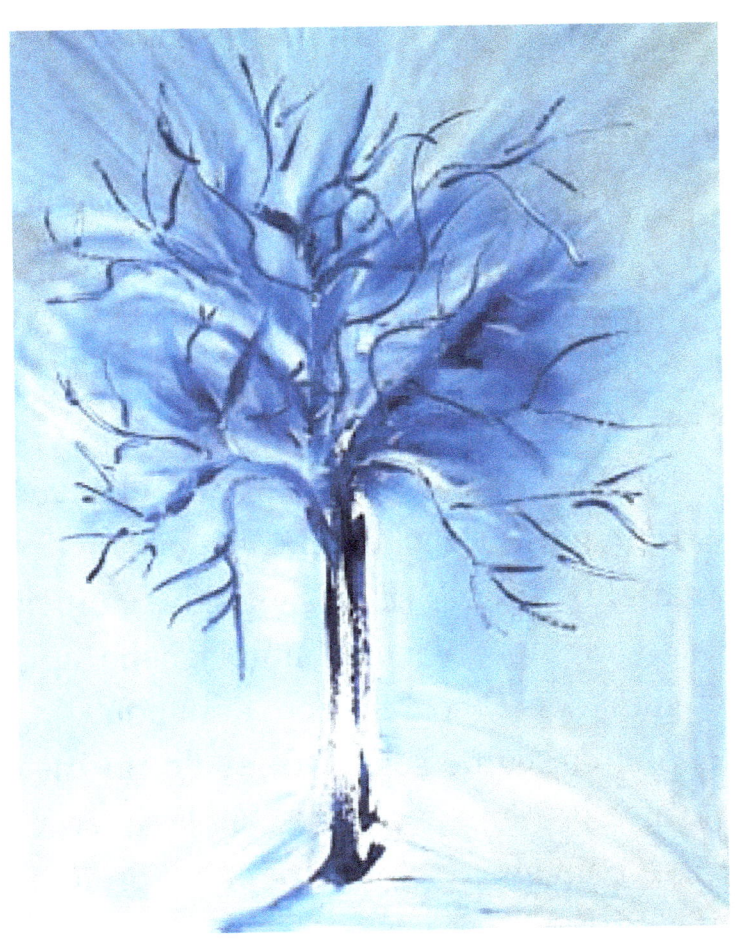

L'ALBERO BLU
-"Che fai?
Dove vai?

Non mi vedi?
Sono qui!
Non girarmi attorno!
Non avere timore!
Avvicinati!
Fatti guardare!
Ehi tu!
Osservami bene, perché potresti non riconoscermi se ti ponessi da un altro lato.
Io sono l'albero blu, colore della verità, ricordi? Ma anche della lealtà e del puro affetto, necessari all'autentica amicizia. Potremmo diventare amici anche noi, se vuoi, come me e l'albero arancione.
Guarda, come segno, ti regalo un iris blu che cancella ogni ipocrisia con la libertà del pensiero e un amuleto azzurro che ti proteggerà dal malocchio."
-"Si... ma..."
Vagamente tentai.
Immediatamente mi interruppe.

-" Lo so che il mio colore è freddo e profondo, tanto da simboleggiare la verticalità nella dimensione spaziale e so che può anche infondere timore o disagio, perché rappresento la notte, ma mi illumino ai raggi della luna.

Tingo di blu il mantello del mistero, ma rischiaro d'azzurro il mondo delle favole, rivesto lo stato irreale del sogno e la purezza mi rende trasparente, posso così offrire al diamante i miei riflessi e regalare il manto alla Madonna.

Dunque, sii tranquillo!"

Come acqua che scorre, continuò a parlare:

-"Giungo dall'infinita eternità dell'elevato cielo, dove Dio poggia i suoi piedi e volo verso l'alto sulle ali dell'uccello della felicità che non tocca mai terra nutrendosi dell'abito, intessuto di gocce di rugiada, di Iris, dea dell'arcobaleno.

Amo l'equilibrio e l'armonia, placo l'impulsivo con la calma e la prudenza.

Non conosco la macchia e sono compagno della fedeltà tanto da diventare quasi una divisa, simbolo di affidabilità, nel doppiopetto blu degli uomini d'affari.

Vivo nel deserto tra i Tuareg, gli uomini che cavalcano le dune, e mi dicono che scorro nel sangue della nobiltà, solo perché le sue mani non conoscono fatica e mostrano un candore venato di blu.

Pensa che all'inizio del secolo scorso, le donne di buona famiglia erano solite mettere in rilievo il proprio *sangue blu* con un miscuglio di gomma arabica e di blu di Prussia che passavano con un pennellino sulle vene delle tempie, delle mani e delle braccia.

E' vero che lavoro poco con il corpo, ma alimento gli slanci della mente generata dalla psiche, con l'intensità e la riflessione.

Lo sapevi poi, che rappresento la saggezza divina racchiusa nella pietra filosofale?

Yves Klein, moderno alchimista, mi ha rovesciato sui suoi dipinti, sognando di guarire il mondo, impregnando di immateriale blu il vuoto, affinché si riempisse di significati trascendenti e superasse i limiti dell'opera pittorica ...

Morì un anno dopo che Yurij Gagarin pronunciasse nel 1961, parole rimaste famose:" *La terra, vista dallo spazio, è azzurra*", ma Klein, già nel 1957, aveva dipinto con l'intuizione a volte preveggente degli artisti, *Globo terrestre blu*.

E per le stesse misteriose ragioni, anche Paracelso, geniale precursore di nuove verità e ipotesi scientifiche, nel 1500 aveva definito azzurra la terra, uno dei quattro elementi del cosmo.

Sono un colore dalla interpretazione tormentata, nel medioevo addirittura, il giallo e il blu si appellavano con lo stesso vocabolo *cerulus*, generando una inevitabile confusione.

Sono indefinibile e mutevole, sono capace di assumere mille significati e sfumature passando dalla trasparenza alla più scura opacità.

Greci e Romani non sapevano descrivermi, infatti è molto difficile tradurre cosa intendesse Omero quando scriveva di me.

Gli indù, invece, avevano ben chiara l'idea del mio colore, tanto da tingere di blu la pelle delle loro divinità attestandone la superiore spiritualità.

Per i cinesi rappresento il paradiso, ma identifico anche, e non solo per loro, le tute da lavoro.

Per gli inglesi poi, sono il colore della malinconia e quando sono tristi si definiscono *blu*. (*I am blue*).

Pochi conoscono la differenza tra zaffiro e azzurro, ma l'artista mi possiede, mi sottrae al glauco del mare e al ceruleo del cielo, mi dona all'uomo con il turchino dell'aria e dell'acqua, con l'esotico oltremare ed il cobalto, con il blu di Prussia che gioca con la luce del sole e con il blu di Anversa e di Parigi.

Il nostalgico Poussin mi ha regalato alla tela toccandomi tutto, e sono stato chiaro e scuro, profondo e vibrante, luminoso e lontano…

Ma fu Cezanne, l'artista che meglio mi comprese e trasformò la prospettiva aerea di Leonardo, distanza velata di blu, in tele da guardare sentendole lontane e in… aria da respirare, ma, perché c'è un ma, non vedere solo in blu, screziami d'arancio, altrimenti vagherai nel dubbio, nella irrealtà fantastica, diventerai malinconico ed inerte e il mio bel blu, diventerà un livido bluastro.

Adesso vai, dove scorre gelata l'acqua del torrente che trascina con sé l'istante e poi l'istante. Quello solo, mai un altro e scivola sui sassi addolcendone la forma, trasformando l'apparenza.

Vai e cogli il testimone del veloce andare, che sboccia sulle sponde, un minuto fiore azzurro, messaggero del tempo al suo passare:

il *nontiscordardime*.

Quando infine, forte sentirai il bisogno di verità, basterà che guardi profondamente nel tuo cuore, e mi troverai, proprio lì, dove spirituale è una parola blu.

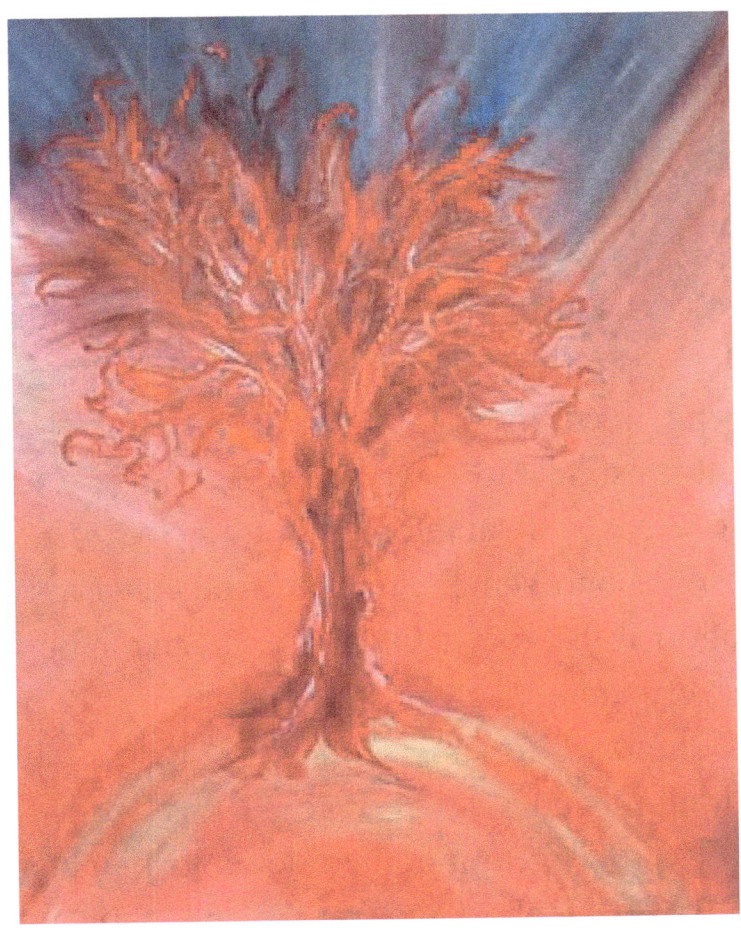

L'ALBERO ROSSO

Ero ancora immerso nella profondità del blu, quando fui richiamato da un forte contrasto.

Da un lato il lasciarmi andare, dall'altro, una scossa carica di vitale energia mi coinvolse e mi fece vibrare:

-"Sono io.!"

Si rivolse così a me, un guizzante albero rosso.

-"Sono io, che ti infondo questo dinamico ardore, sono io colore e calore della vita, sono io che ti colpisco lo sguardo e ti trafiggo la mente, sono io che faccio scorrere più velocemente il sangue nel suo percorso fino al cuore e sono sempre io che ti faccio arrossire quando il sangue ti va alla testa, per rabbia o per vergogna."

Senza fermarsi, con foga inarrestabile, continuò il suo racconto.

"Sono io il più antico dei colori, anche se l'indaco vorrebbe togliermi il primato, prova ne è che l'uomo preistorico si avvaleva di me per tramandare la storia sulle pareti delle grotte e per dipingere i volti dei morti al fine di restituire loro il soffio della vita. Rivestiva inoltre i sepolcri con rami di palma, parola che in greco si traduce con *rosso*, per indicare la vittoria della vita sulla morte, e non a caso, Gesù fu accolto in Gerusalemme tra ali di rami di palma dopo aver resuscitato Lazzaro!

E sono anche il colore della mitica Fenice che rinasce dalle sue ceneri, simbolo del sacrificio e della resurrezione di Cristo.

Ma torniamo a noi! Faccio festa intorno a me, con l'azione, la passione, con l'eros, con l'amore.

Il mio colore nasce quando muoiono i raggi del sole ed esplode in cielo solo il suo disco fiammeggiante.

Poi, cala la sera, e così, riduco lo spazio intorno a me, lo rivesto di intimità, a volte di peccato e trasgressione.

Sono provocante ed eccitante, basta ricordare il torero nell'arena che agita una cappa rossa o la bandiera che spinge alla rivolta, ma, per la strana ambivalenza dei colori, sono anche il segnale che indica l'arresto del movimento: *Alt- Stop- Basta*, sono le parole che mi accompagnano e che si trasformano in antidoto con il rosso rubino, alla tristezza e alla malinconia. Sono anche lo splendore dell'oro rosso della *rubedo alchemica*, la pietra filosofale che indica la via verso l'immortalità, dopo aver conquistato la divina sapienza. E sono il colore dei paramenti sacri per la cerimonia funebre alla morte di un papa (*Papa luget in rubro –il Papa piange in rosso)*

Morirai, sì che morirai, ma vivrai eternamente nella semina che avrai distribuito.

Il rosso diavolo lotterà per averti, ma la Passione di Cristo, con il papavero, che pure di me si riveste, ti difenderà e distruggerà l'odio, la vendetta, la ferocia, la collera, con la magnanimità e la fede del mio rosso buono.

Mi estraggono dall'erba e mi chiamano robbia, dalla cocciniglia e mi chiamano carminio, sono l'iberico minio, l'orientale cinabro, e il più vicino magenta, lo scuro granato e il vivace e prezioso scarlatto…

Senza di me i pittori non avrebbero potuto dipingere le sconvolgenti sensazioni o esprimere l'intensità della bellezza.

Guarda Soutine che mi ha voluto per *La scala rossa,* forte e sconvolta, guarda gli espressionisti tutti per i quali sono stato impagabile nel far esplodere i sentimenti e infine, guarda l'immenso Tiziano che con la foga del gesto e lo splendore del colore, senza una linea sotterranea che lo conducesse, ha attratto lo sguardo della gente, coinvolgendola nel teatro dell'arte e della vita.

Infine pensa ancora alla sua ultima *Pietà,* meravigliosa tela del prossimo ricongiungimento all'Eterno, in cui il rosso Tiziano diventa sangue dilavato, ormai non più necessario alla vita.

Mi fermo qui, la vita pretende che tu continui la tua strada, ma non dimenticarmi mai. Fa che parte io sia del tuo tempo vitale sempre, e quando eccederò nell'invadere gli spazi, dammi equilibrio con lampi di turchese che fluttua tra il verde ed il blu."

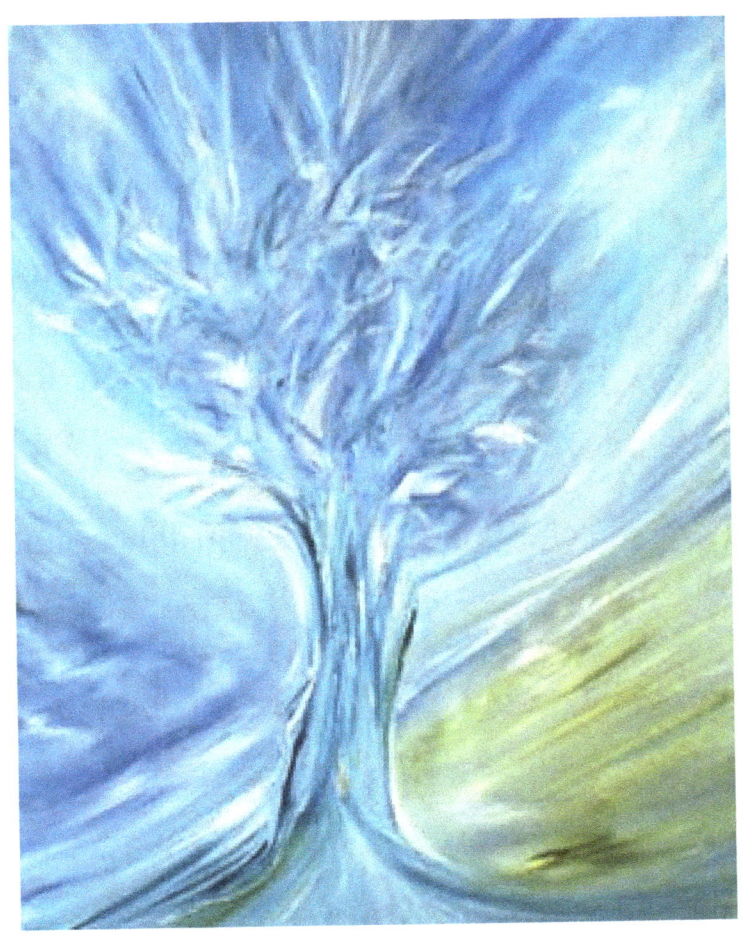

YGGDRASIL
Solo allora mi resi conto di essere arrivato
sotto un albero i cui rami sembravano prendere

il volo o forse, era il gran numero di uccelli che volavano fra i rami?

Non parlò con me, non direttamente.

Fu il pergolato che da quell'albero nasceva, a raccontarmi che avevo avuto la fortuna di essere al cospetto del maggiore e migliore fra gli alberi, il cosmico Yggdrasil, che ha le radici negli inferi e rami che sovrastano il cielo, che sostiene e rigenera l'universo, che conosce la storia del mondo e dell'uomo.

Il genio a volte, nasce dalla sua impalpabile ombra, e dal continuo palpitare dei suoi rami inondati di fresca luce.

E tutto era turchese intorno! Turchese l'albero, il pergolato, le pietre disseminate intorno, la terra, l'aria.

Le vibrazioni costanti emanate dal colore, comunicavano benessere, tolleranza, apertura della mente, un entusiasmo pacato, sì che pensai di raccogliere qualcuna di quelle pietre che quelle vibrazioni avevano certamente assorbito.

Guardando guardando però, l'eccessivo identico colore stava portandomi a una forte sensazione di vuoto.

Ricordai la lezione dell'albero giallo sui vari aspetti del colore così mi rifugiai immediatamente nell'osservazione di un piccolo fiore rosso caduto dall'albero della vita.

Bastò questo a rianimarmi!

Ed ecco, traversato il pergolato, si parò dinnanzi a me la sagoma di un

    Lussureggiante   Rigoglioso

    Esteso Protettivo Armonico

    Albero verde

50

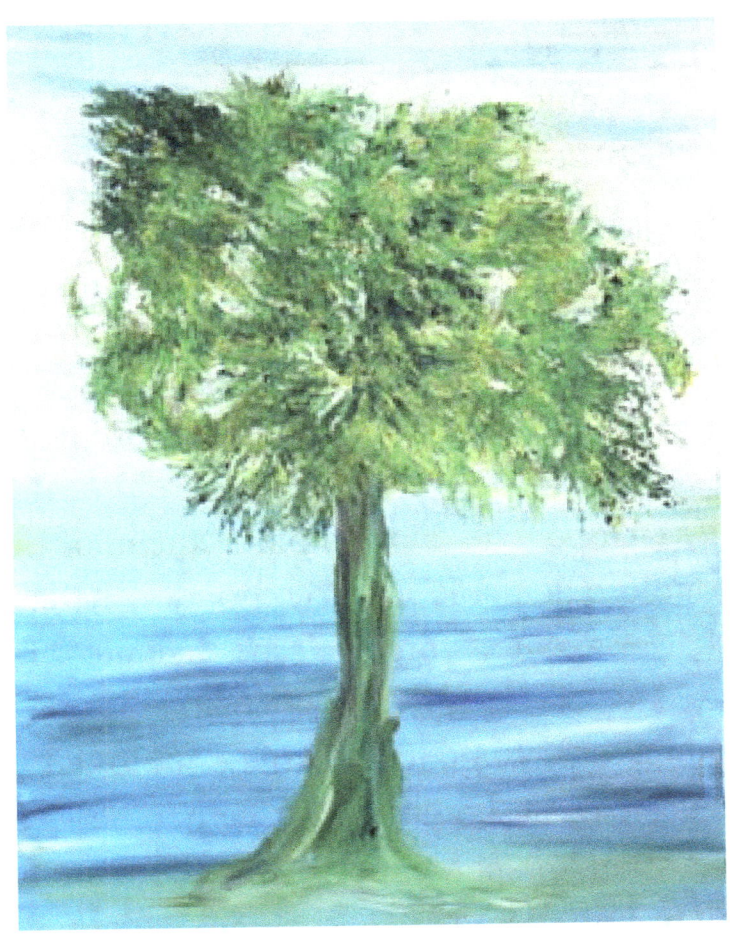

L'ALBERO VERDE

Il tronco improvvisamente animato sembrò sporgersi in avanti, quasi a cercare il modo migliore per farsi ascoltare.

-"Ciao!
Come va?
Confuso?
Vieni vicino! Rassicurati! Respira! Riposati un momento!
Vuoi ascoltare la mia storia?"

Incapace di proferire parola, lo guardai soltanto e lui:
- "Dicono che al tramonto, quando l'ultimo raggio di sole si confonde nella luce dell'orizzonte, proprio nell'istante in cui avviene la magica fusione tra le identiche vibrazioni del giallo del sole e il blu del mare e del cielo, nasce un raggio verde che si evolve nel mondo, spargendo il suo colore sulla terra, fino a raggiungere e superare i confini delle isole felici, nei prati del paradiso celtico e poi sale ancora più in alto, verso Marte, dove la fantascienza tinge di verde i suoi abitanti.

L'uomo, forse, ha meno paura se dà a ciò che non conosce il mio colore, che è simbolo di vita nuova, di fertilità, ma soprattutto di speranza, la luce della vita stessa.

La speranza di chi guarda il raggio verde con la certezza che vedrà esaudito ogni desiderio se avrà la fortuna e la forza di non chiudere gli occhi di fronte alla potenza luminosa dell'ultimo raggio di sole.

Sono il colore dell'equilibrio perché mi pongo al centro dello spettro solare e tocco in egual misura la distanza tra il cielo e le profondità della terra senza però esaltarmi della centralità, perché ne conosco la responsabilità e cerco di creare attorno a me la comprensione che dona calma, rassicura e rinnova le cellule.

L'armonia, che è figlia dell'equilibrio, mi mostra le cose nella giusta misura e verde smeraldo è la pietra di tutti coloro che sentono nell'equilibrio anche la fonte dell'altruismo e l'inizio dello sviluppo della individuale personalità.

Ma guai quando il mio colore inacidisce, quando diventa marcio, perché tutto il bene degenera nei difetti che fanno l'uomo immaturo, egoista, invidioso e lo rendono piccolo e allora, bisogna armarsi della verde croce di Cristo per combattere gli occhi... verdi di Satana.

Se la mia luce non è intaccata, sono attributo del Giudice giusto, e verde diaspro è il trono del Giudice Supremo.

Osservami sui quadri di Monet, dove ogni pennellata carica di verde è il riflesso della luce che trascorre, guarda e respira il colore che nasce all'alba e splende senza bruciare!

Van Gogh invece, mi utilizzava insieme al rosso, per dipingere *"le terribili passioni umane"*, dove ogni mediazione scompare per lasciare spazio all'energia che esploderà in maniera distruttiva. E pensare che l'energia può essere così meravigliosa!

Adesso ti lascio proseguire il tuo viaggio, e ti metto sotto la verde cappa di San Giorgio, protettore dei viaggiatori che vanno incontro alla rinascita e al rinnovamento.

Molte le cose che ti ho detto, molte ancora le scoprirai. Mi troverai sui tavoli da gioco dove è necessaria la concentrazione, sui camici dei chirurghi ma anche sui muri delle sale operatorie dove regna una frenetica quiete, mi vedrai sempre sui segnali che danno il Via e che concedono il libero passare.

Mi vedrai ancora quando una pianta germoglierà e quando un cuore annodato dai dolori della vita, si aprirà alla luce di una speranza ricca di risposte.

Prima di lasciarti mi piacerebbe raccontarti di quando i bambini, usando l'imperfetto, inventavano un'altra vita.

Bastava poco per varcare i mondi paralleli del sogno e della fantasia. E così nelle notti bianche, entravano nel verde bosco silenzioso e col coraggio che prendeva per mano la paura, si avvicinavano al vecchio monastero circondato dai sambuchi.

Nel cerchio che non c'è, vedevano le fate sospirare, gli Elfi danzare al suono di musiche flautate, i maghi agitare nodose bacchette di sambuco. E tutti insieme, a raccontarsi il mito del dio Pan.

Ora Ciao!

Ti lascio andare! Ma prima una raccomandazione: cerca di non essere mai al verde.

Vestiti di verde, vivi in verde ma non diventare verde!

Respira verde, ma non ridere mai verde!

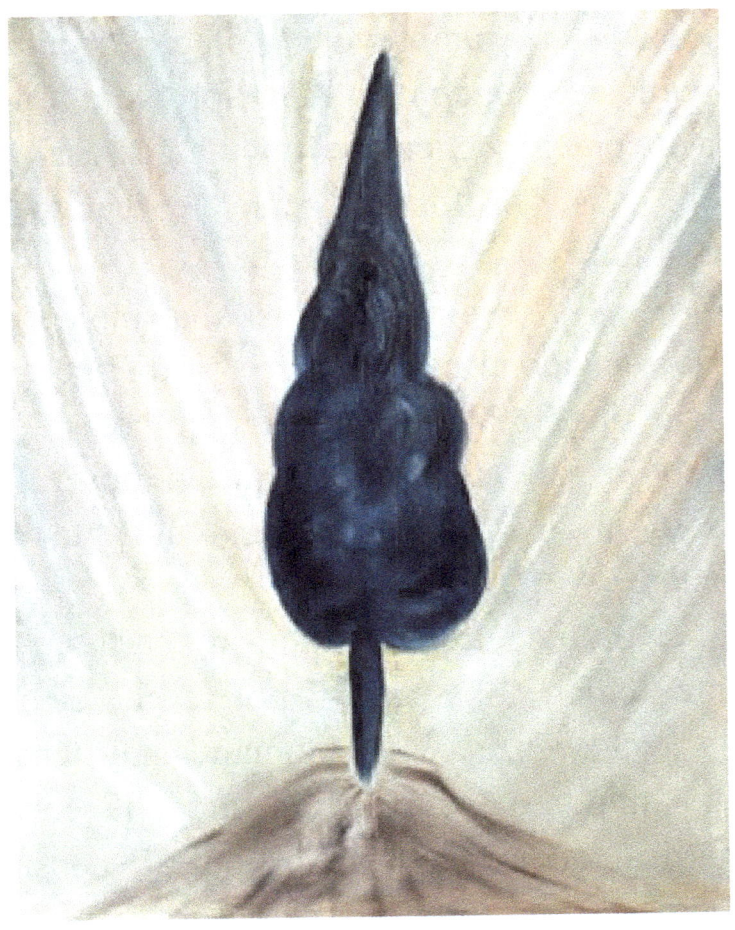

L'ALBERO INDACO

Il bosco andava ormai diradandosi e su un dirupo un po' più in alto rispetto agli altri, si elevava un autorevole albero indaco. Somigliava vagamente ad un cipresso e a dirla tutta incuteva soggezione dovuta forse al suo colore così profondo, scuro e carico di elettricità.

-"Sei arrivato quasi alla fine del tuo sogno, quando ti sveglierai cerca di ricordarti di ogni singolo albero e di ogni colore, perché adesso lo sai, entrando in questo bosco, sei passato in una dimensione in cui tutto può accadere.

Non ti sembri presuntuoso, ma ti apro la mente poiché posseggo il potere che si basa sulla conoscenza. Vedo lontano nel tempo, posso quindi mostrarti la realtà delle cose e donarti autocontrollo perchè libero il pensiero da una eccessiva emotività.

Infondo un senso di pace e apro le porte della spiritualità.

Non a caso, credo, il mio colore nasce in India dove alta è la concezione spirituale e sono stato sempre presente nei luoghi e nei simboli dell'oltre.

Gli egizi ad esempio, tingevano del mio colore le bende delle mummie ed il dio di Israele ordinò a Mosè di ornare con me le frange degli scialli da preghiera.

Purtroppo sono anche il più usato nelle uniformi militari e fin dal tempo antico, già quando i Celti si tingevano di *guado* per affrontare le legioni romane, ho assunto in guerra il valore della terribilità. Non è forse un andare oltre, anche questo?

Come il blu, ho significati controversi ed è difficile definirmi nei toni, chi mi avvicina al quasi nero, chi mi pone al di sopra del viola scurissimo.

Il romano Vitruvio sosteneva che bruciando la feccia del vino essiccato, si otteneva un nero ma anche un indaco.

Kandinskij di me diceva: *Quando sprofonda vicino al nero, riecheggia un dolore quasi inumano.* Così cerco di evitare di mescolarmi col nero perché diventerei impenetrabile e potrei nascondere i peggiori sentimenti.

Picasso, nel suo periodo blu, era me che usava, e mi dava tonalità fredde malinconiche, statiche. Partecipando alla vita delle sue tele, dipingeva la tristezza sconsolata e senza speranza di personaggi emarginati, girovaghi, saltimbanchi, avviliti suonatori e mendicanti, ma quando mi schiarisco nel celeste, sono vicino alla perfezione, alla purezza, divento il colore della *Trasfigurazione* nelle mani dell'immenso Raffaello e sono la Gerusalemme celeste, la città di Dio che scende dal cielo, il Tempio che si trova nel punto di incontro tra il mondo terreno e quello ultraterreno...

Ma basta parlare di me!

Ricordi le scintille provocate dall'impatto dell'arcobaleno con la terra?

Sono particelle di energia che si uniscono alle molecole colorate fino a renderle forma, la forma produce vibrazione e la vibrazione genera la musica.

Una musica ascoltata dagli occhi.

Gli occhi trasmettono il colorato silenzio musicale ad ogni piccola parte dell'essere dando al corpo ed alla mente energia e vitalità.

Ed allora guarda e ascolta ciò che accade in sogno.

Cerca di ricordare se non le parole, se non le immagini, le atmosfere, le sensazioni, quei brividi lungo la schiena, quando tocchi qualcosa di vero. Traine insegnamento e vivi accompagnato dagli alberi colorati!"

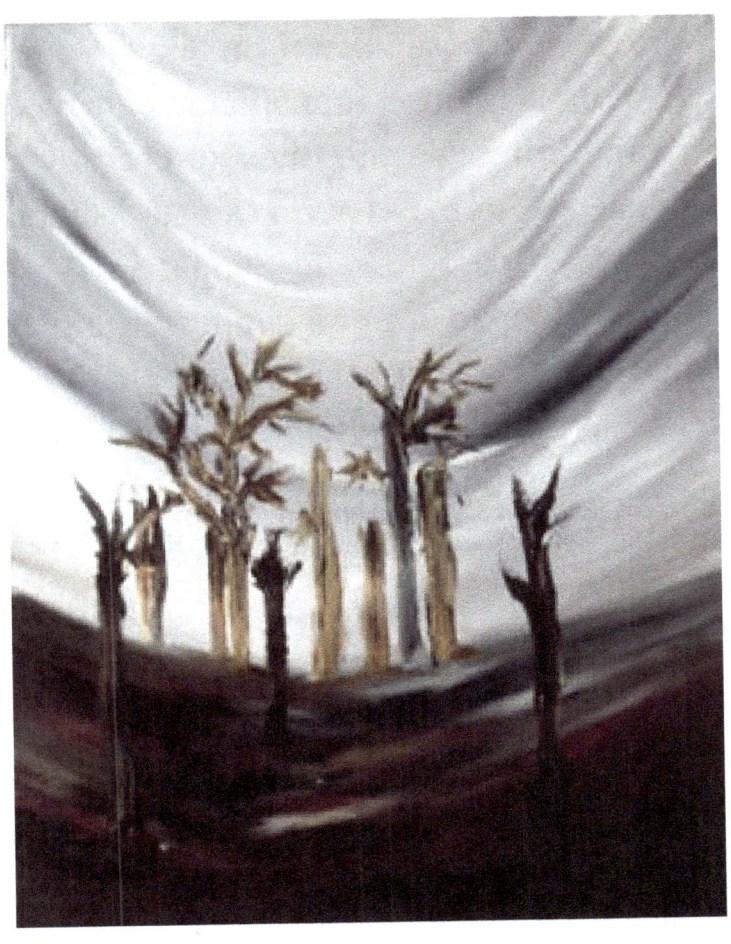

Senza colore

Arrivato in cima al dirupo non potevo tornare indietro. Il sentiero mi si era chiuso alle spalle.

L'unica cosa che mi rimaneva da fare, era scendere la china. Immediatamente compresi che tutto sarebbe stato diverso, che dove prima era luce e colore, ora avrei trovato l'ombra.

Quasi subito, mi apparvero stagliati contro un cielo grigio, degli stecchiti tronchi amputati dei rami, denudati della corteccia, senza speranza di foglie.

Il nero della terra, il marrone degli alberi, il grigio del cielo, suscitavano un non so che di deprimente e quasi tragica atmosfera.

Fu allora, mentre sgomento osservavo questo desolato paesaggio, che la terra su cui poggiavo mi parlò.

-"Non avere paura di me, non sentire malinconia, sono il colore della Madre Terra quando viene arata, nelle mie zolle c'è il domani, ma sono anche il legame alle cose durature e ti dono senso pratico e razionalità, così importanti nel superamento delle difficoltà."

Ed allora, memore degli incontri che avevo fatto, presi un po' di rosso, colore della vita e lo stemperai col bianco, colore della luce, e divenne rosa, mescolai un po' d'arancio e divenne corallo, e poi ancora albicocca, salmone... e ricoprii di quei fiori che avevo disegnato nella mente, quella terra nuda.

-"Ho letto nei tuoi pensieri"-mi disse-

" Hai visto? Ci vuole così poco, per dare gioia alla concretezza!".

-" Ma quegli alberi senza vita, così scuri, neri addirittura... come faccio a provare gioia?"

- "E' proprio quando tutto appare nero che abbiamo la certezza della luce! Se non avessimo il buio, non vedremmo la luce!"

Quegli alberi in coro, alzando i rami al cielo, mi chiesero allora a gran voce:

-"Dacci un po' di quel verde che ci hanno raccontato esserci dall'altro lato, ti daremo un'ombra ricca di foglie che si muoveranno al vento e illumineranno con tanti bagliori una terra accogliente!."

- "Ma se il cielo è grigio! Non ci sono raggi di sole che possono spargersi e creare luci ed ombre di cui mi parlate!"

-" E tu allora, stria il grigio del cielo, dipingi nuvole sempre più scure, disegna lampi, fa che piova. Pensa al giallo del sole, e...nascerà l'arcobaleno!"

IL RISVEGLIO

Mi trovai seduto in mezzo al letto,
investito da una miriade di raggi colorati:
   Il sole stava attraversando le gocce di un lampadario di cristallo.

Fu come fare una doccia benefica.
Fu come rientrare nel sogno.
Fu come sentire di avere il potere di essere autore della mia Vita

Piccolo manuale di cromoterapia applicata

...Fu come sentire di avere il potere di essere autore della mia Vita

Qui finiva il racconto del sogno.
Qui comincia la storia della realtà, dove il sogno altro non è che la sua parte più preziosa. Sembra impossibile poterlo continuare vivendo ad occhi aperti, eppure ancora una volta, il passato ci viene incontro per sostenerci, e darci verità che il tempo non ha scalfito, ricordandoci che già sul frontone del tempio di Apollo a Delfi, era scritto:
"Uomo conosci te stesso e conoscerai l'universo e gli dei."
E Socrate riassumeva: "Conosci te stesso "
Lao Tse, ribadiva: "Chi conosce gli altri è sapiente, chi conosce se stesso è illuminato. Chi vince gli altri è potente, chi vince se stesso è forte."

E Sant'Agostino: "Nell'interno dell'uomo abita la verità."
Mentre Paracelso raccomandava:
"Non sia schiavo altrui chi può essere signore di se stesso!"

Ascoltiamo queste esortazioni, facciamole nostre, convinciamoci che essere autori della propria vita si può, affrontandola anche, dopo aver camminato in un sogno.
Ciò che avremo imparato del colore, ci aiuterà ad acquisire una migliore cognizione del nostro carattere, della nostra personalità, e attraverso un gioco fatto di prove, esperimenti, test, potremo partire per la conquista della vita. Una necessità, questa, insita nell'essere umano fin dalla sua nascita.
Ci aspetta un mondo fatto di magia, ma anche di acuta osservazione della realtà e di impietosa sincerità che ci regalerà risultati straordinari quanto sorprendenti. Saremo belli perché

avremo conquistato la luce interiore e potremo realizzare il progetto " NOI ".

All'inizio avremo solo un terreno edificabile, non sappiamo ancora cosa costruiremo. Forse, un monumento, una basilica, un centro sociale, un parco...

Sappiamo che è tutto lì, nascosto, pronto a nascere. Occorreranno idee, incontri, scontri, con noi stessi e con gli altri, generosità nel dare e assoluta verità.

Le forti energie, potenti e travolgenti, che nascono dalla volontà e dalla determinazione, creeranno un campo magnetico, un occhio del ciclone in cui tutto può accadere e trasformarsi, perché i miracoli nascono dalla fede, e come qualcuno disse:- "La verità è questione di fede".

Le parole possono entrare nella mente e nel cuore, ma poi, bisogna passare ai fatti e questo è il momento.

Qui di seguito, uno specchietto riassuntivo sulla vita dei colori e di ciò che i colori rappresentano, sarà il disegno preparatorio che poi dovremo colorare e lo faremo insieme.

Sarà affascinante scoprire le infinite possibilità del colore, ma soprattutto impareremo a conoscerci e a volerci bene senza esaltazioni.

Impareremo ancora, a comunicare tra noi, seguendo l'esempio dell'arcobaleno che attraverso la sua scia colorata, mette in comunicazione la terra con il cielo. L'arcobaleno, rappresentazione materiale e immateriale insieme, colpisce lo sguardo, lo attraversa, arriva al cervello ed al cuore, sembra vicino eppure è irraggiungibile, tocca le corde di una emozione antica e non esiste persona sensibile che rimanga indifferente alla sua vista.

E allora, percorrendolo idealmente, ricominciamo da capo:

Cosa è il colore?:

Cita testualmente il Devoto:
"Il colore è la luce riflessa di un corpo, diversa secondo la lunghezza d'onda della radiazione o delle radiazioni elettromagnetiche di cui è costituita"

Daniela Casaburi, soprano ed esperta di musicoterapia, parla dei colori in questi termini:

"I colori risvegliano i sette centri di energia, i chakra, li riattivano e li mettono in comunicazione con l'energia cosmica universale.
I colori si osservano e si ascoltano, poiché ogni chakra è collegato ad un colore e ad un suono impercettibile all'orecchio umano e connesso ai cicli dei pianeti e delle loro frequenze.

I colori inoltre, scatenano le emozioni archetipe e risvegliano la memoria storica"

I colori, che sono ricchi di vibrazioni, arrivano ai nostri occhi con una diversa velocità ed un diverso impatto sulle onde cerebrali, per cui anche attraverso la memoria storica e/o individuale, veniamo attirati o respinti da un colore piuttosto che da un altro. Nella memoria storica affondano le radici del giallo e del blu, colori del sole e della notte, del rosso del sangue, del bianco della luna, del nero delle caverne buie, del verde delle foreste. Nella memoria individuale, si annidano i ricordi dell'infanzia che inconsciamente si colorano in modo piacevole o doloroso.

Paracelso affermava già nel 1500 che la natura ha una parte visibile ed una invisibile, cosa che riguarda anche il colore di cui vediamo solo la parte visibile, mentre ne percepiamo la parte invisibile, ed è proprio questa, che entra nella nostra vita influenzandola più di quanto possiamo immaginare.

Per averne una prova, basta chiedersi " E se il mare fosse giallo? Sarebbe così frequentato come lo è in estate? "

Immaginiamo quale poco sollievo ci darebbe una distesa infinita di acqua gialla, che si riversa su una spiaggia altrettanto gialla e resa cocente dai raggi del sole, radiosi, luminosi, ma gialli?

E non ci sentiamo come liberati da un senso di oppressione, quando ricordiamo che il mare è blu, meravigliosamente blu, ma anche verde, turchese e non solo?

E non è forse vero che rinverdiamo, imbianchiamo, arrossiamo, ingialliamo…?

Proseguendo nella lettura, capiremo perché questo accade.

Nel Piccolo Principe di Antoine de Saint-Exupéry, si legge:
"L'essenziale è invisibile agli occhi... gli uomini hanno dimenticato questa verità, ma tu non la devi dimenticare."
Bisognerebbe avere la forza, il coraggio, l'incoscienza di un bambino, nell'animo pur adulto e consapevole, perché solo tenendo a mente che siamo in possesso delle chiavi per raggiungere la verità del nostro essere, potremo raggiungere un sereno equilibrio.

Ora sappiamo che il colore, poesia dell'anima, può venirci in aiuto perché vive dentro e fuori di noi, e solo la forza bruta non lo riconosce. Non lo vuole vedere. Non si guarda intorno, non distingue tra terra e cielo, tra mare e prato, perché se lo facesse, acquisterebbe la sensibilità, e il male, si sa, non accetta sconfitte. Ma noi che vogliamo migliorare la qualità della nostra vita, attraverso la conoscenza del colore, cercheremo di imparare a guardarlo con occhi diversi al fine di creare giusti contrasti ed armonie per farli entrare nella nostra intimità e nella capacità di relazione con il mondo intorno a noi.

Affrontiamo quindi un parte più tecnica, che necessariamente dovrà impegnare la nostra attenzione, ma se lo faremo immaginando di volta in volta, di avere davanti agli occhi una scena colorata nella quale ci muoveremo da protagonisti, non potremo che amare questo studio. E allora:

Quali sono i colori primari - secondari - complementari? E i caldi e i freddi?

I colori primari sono: Il Rosso – Il Giallo – Il Blu-
L'unione di questi colori, nella fisica, dà come somma il bianco.

I colori secondari: Arancio (Rosso + Giallo) – **Verde** (Giallo + Blu) - **Viola-** (Blu + Rosso) Sono il risultato della fusione chimica di due colori primari la cui unione dà come somma il nero: **Arancio +Verde+ Viola = Nero**

Volendo rappresentare geometricamente i colori primari e quelli secondari, disegneremo un **triangolo equilatero Bianco** con la punta rivolta verso l'alto, per quanto riguarda i primari, mentre un triangolo equilatero con la punta rivolta verso il basso che raggruppa i colori secondari, sarà **Nero**.

I due triangoli, intersecati tra loro formano una stella, detta Stella di Davide o Sigillo di Salomone, che racchiudendo anche i quattro elementi, (acqua – aria - terra – fuoco-) oltre che naturalmente tutti i colori, diventa simbolo dell'unione del cielo con la terra, dei poli maschile e femminile, quindi della totalità, nonché della perfezione.

Come se non bastasse, questo dimostra ulteriormente l'importanza dei colori nell'esistenza dell'uomo perché tutto ciò che l'uomo vive è colore anche se coscientemente lo ignora.

I colori complementari:
Sono quelli che mancano nella fusione di due colori primari:

Il Blu, non presente nell'Arancio, diventa il suo complementare.

IL Rosso, non presente nel Verde, diventa il suo complementare

IL Giallo, non presente nel Viola, diventa il suo complementare

I colori complementari si esaltano a vicenda se messi vicini, si annullano invece, se vengono mescolati.

Un modo abbastanza semplice per scoprire il complementare di un colore è questo:
Tenere in mano un pennarello o una matita che sia colorata all'esterno (un unico colore) e fissarla contro uno sfondo completamente bianco
(muro o foglio) per qualche un minuto. Spostando velocemente lo sguardo dal pennarello allo sfondo, si vedrà comparire un'ombra colorata che sarà complementare al colore adoperato.

**

L'arcobaleno nasce dalla scomposizione della luce ed è costituito da sette colori che si dividono in colori caldi e freddi:
Rosso – Arancio – Giallo - Verde – Blu – Indaco – Viola

I colori caldi :

I colori **caldi** avvicinano lo sguardo, quelli freddi lo allontanano.

Giallo- Rosso – Arancio –
Arrivando per primi all'occhio, magnetizzano lo sguardo, avvicinano, danno un senso di calore, stimolano, rendono energici, e attirano verso la terra, sono tangibili e concreti.
Sono detti colori caldi perché evocano il fuoco ed il sole.

I colori freddi :
I colori **freddi** allontanano lo sguardo, ricordano l'acqua, il ghiaccio, il cielo.
Blu – Indaco – Viola –
Arrivando più lentamente all'occhio, rilassano, tranquillizzano, sviluppano lo spirituale che è in noi, elevano la mente, rendono più consapevoli, sono astratti ed impalpabili, ma possono indurre a sentimenti di tristezza.

Il Bianco – il Nero - il Marrone – il Grigio – gli Altri

IL Bianco è il colore che li unisce tutti nella luce (la somma dei raggi colorati)
Schiarisce il tono del colore ma non ne cambia la tinta.
Il Nero nasce dalla unione chimica di tutti i colori e scurisce il tono del colore a cui viene aggiunto.

Il Bianco e il Nero, abbinati, uno accanto all'altro, si esaltano a vicenda. Se mescolati, diventano un **Grigio** spento che solo l'aggiunta di un'altra tinta, potrà illuminare o spegnere definitivamente.
Ecco che avremo il **Grigio Azzurro, Il Grigio Perla, Il Grigio Rossastro, Verdastro, Giallastro...**

Il Marrone nasce dall'Arancio e dal Violetto, due colori secondari mescolati tra loro e assume valenze calde o fredde, a seconda del colore che gli si accosta. (nella formazione del marrone, convivono i tre colori primari con una forte componente calda):

Arancio = Giallo + Rosso

Viola = Rosso + Blu

Abbiamo quindi quattro valenze calde

La qualità del marrone così, cambierà grazie alla diversa quantità dei colori di base che lo compongono. Più rosso, più blu, ed avremo il Marrone Bruciato – Castagna – Palissandro – Testa Di Moro... per arrivare con l'aggiunta del bianco, alle infinite varietà di Beige, Dal Biscotto Al Sabbia..

Il Grigio:

Oltre che nascere dal bianco e dal nero, è ancora una volta, l'unione di due colori secondari, Il Verde ed Il Violetto, questa volta con una più forte prevalenza di toni freddi:

Verde = Giallo + Blu

Viola = Rosso + Blu

Abbiamo quattro valenze fredde a cui potremo aggiungere il bianco o il nero.

Il Cremisi è :
Rosso + Viola
In questo caso il Viola è formato da Rosso + Indaco

L'Amaranto:
E' la fusione del Rosso con il Cremisi
Il Magenta è :
Rosso + Viola
Il Kaki è:
Verde più Arancio
Il Turchese è:
Verde più Blu

Tutte queste tinte sono puramente indicative, perché cambiandone la concentrazione, schiarendole con il bianco, o scurendole con il nero, diversificando la quantità se sono più colori insieme, ne avremo una gamma infinita, dai toni pastello, a quelli forti e vivaci, squillanti e decisi.

Cercate ora di trovare la quantità di valenze tonali per ciascun colore.

Questo esercizio aiuterà a conoscere i colori nella loro essenza e rimarranno nella memoria come tutte le scoperte che si fanno da soli ed inoltre, chi sarà entrato nell'essenza del colore, una volta compreso il meccanismo che regola le sue leggi, non potrà più sbagliare, qualunque uso ne faccia.

Certamente un colore non può da solo cambiare la vita, non può cambiare le cose, ma può dare la forza di aprire ancora una volta la porta della luce perché il colore giusto è l'energia di un raggio di sole che attraversa la mente ed il cuore.

IL MONDO DEI COLORI

Entriamo ora in questo straordinario affascinante e misterioso mondo, imparando questa volta, a comprendere cosa vogliamo dal colore, quale aiuto ci può dare, ma una premessa è d'obbligo:
Per l'uso pratico, esamineremo il colore solo nei suoi lati positivi, tenendo presente che ogni colore ha anche una valenza negativa, che si può evitare non eccedendo nell'impiego di una sola tinta perché come abbiamo visto abbondantemente in precedenza, invece di averne giovamento, finiremo per venirne travolti dall'uso invadente.
Esaminiamoli adesso, uno per uno, ricordando che ogni colore, come ogni cosa, è soggetto al molteplice punto di vista:

IL GIALLO, poiché assorbe la luce del sole, ci fa apparire luminosi, estroversi e gioiosi, dona

leggerezza e vivacità. Indossando il giallo, stimoliamo le attività razionali, favoriamo il pensiero e l'azione immediata.
Favoriamo inoltre, la concentrazione ma non il pensiero riflessivo.
E' il colore che accende la luce e allarga la mente. E' positivo ed ottimista.
Se pensiamo al globo solare che irradia i suoi raggi in ogni direzione, viene facile intuire che il giallo, che ne prende il colore, si comporta allo stesso modo allargando i confini della conoscenza e della saggezza, tanto da essere usato in ambito intellettuale e da coloro che vogliono assumere posizioni autorevoli. Possiamo perciò affermare, che il giallo, tra tutte le sue qualità, è scelto da chi vuole ricevere e/o dare gioia.

L'ARANCIO, colore del sole all'alba e al tramonto, concentra i suoi raggi e invita l'uomo alla creatività, rende spontanei, perché dà

sicurezza, mette in contatto con il prossimo in una posizione di allegria e invita al movimento senza inibizioni. Infonde coraggio, ottimismo e positività. Regala gioia, benessere, concentrazione che invita alla saggezza ed alla conoscenza. E' infatti, un colore che si riscontra negli abiti dei monaci buddisti e nella iconografia religiosa.
Chi indossa l'arancio chiede e offre amicizia, affetto, simpatia e volontà di comunicare.

IL ROSSO, colore del sangue, vive nel corpo, lo percorre è quindi il colore della vita, della sensualità, dà energia e vitalità. Poiché allontana le preoccupazioni ed i cattivi pensieri, aumenta il senso pratico che rende così, capaci di assumersi le responsabilità. Regala forza interiore e rende più facile il prendere una decisione. Indossare un abito rosso è darsi e dare carica, è avere e mostrare sicurezza di sé, è come dire: "Sono qua".

Il VERDE esalta le emozioni, rende serenamente efficienti, regala un senso di protezione e di sicurezza infondendo una tranquillità che nasce dalla speranza insita nel suo colore. Prendendo spunto dalla natura che sempre si rinnova, il verde è il colore dell'equilibrio, a dimostrazione che nulla, nel bene o nel male, è per sempre. Un abito verde, peraltro colore difficile da indossare, soprattutto nelle tonalità olivastre e scure, va portato quando si vuole esprimere una personalità senza costruzioni. "Essere come si è", potrebbe essere il suo motto.

Il TURCHESE, che raccoglie le caratteristiche del verde e del blu, stimola il bisogno di evolversi, apre la mente alla tolleranza, alla creatività, all'immaginazione, si offre positivamente agli altri. E' infatti conveniente vestirsi di turchese, prima di affrontare un colloquio od un esame e quando ci si deve sottoporre comunque, al giudizio degli altri, poiché infonde fiducia e senso di salute e di benessere.

IL BLU. E' impossibile non pensare alla profondità del cielo, alla sua immensità, al suo essere lontano. Chiaro o scuro che sia, il blu, rende affidabili, tranquilli e pacati. Di fronte al cielo non si può non essere onesti, non si può confondere la verità.
Indossare il blu è tutto questo e dà tutto questo.

IL VIOLA, che si proietta nell'oltre, sembra aiutare la memoria ed i ricordi, alimenta qualunque tipo di creatività, esalta lo spirito ed incute rispetto e soggezione.
Chi si veste di viola dà una immagine di autorevolezza.

IL MARRONE. Il primo marrone che viene alla mente, è il colore della terra e dei tronchi degli alberi. Se pensiamo a questo, sarà facile associarlo alla praticità, al lavoro, alla sicurezza, alla fermezza. Un abito marrone invita ad essere essenziali, semplici, ed immediati. Chi lo indossa, non si lascia andare a romanticherie, chi lo ha di fronte, riceve solidità.

IL BIANCO fa pensare al candore, all'innocenza. Riflette tutti i colori e dona generalmente ad ogni tipo di pelle. Chi indossa il bianco afferma il suo essere aperto ad ogni possibilità, deve però ricordare che esiste una gamma infinita di bianchi (panna – latte – avorio – carta – porcellana – burro ...) che hanno tonalità calde o fredde e sono queste a fare la differenza nel rendere una persona luminosa o al contrario, spenta e trasparente, come inesistente.

IL NERO, opposto del bianco, rifugge dalla luce. Viene indossato da chi non vive un buon rapporto con se stesso o con gli altri, senza manifestarlo apertamente.
E' il colore del mistero, per cui ha assunto anche delle valenze erotiche, ma è anche preferito da chi vorrebbe imporre autorità, da chi vuole apparire tradizionale ed è alla ricerca di rispettabilità, spesso non confortata dai fatti.
Per le strane ambivalenze del colore, il nero è anche l'eleganza della sera importante,
è anche largamente usato quando ciò che si fa, richiede autorevolezza e discrezione.

Il BIANCO e il NERO luminosi e trasparenti, sono legati all'idea del futuro.
Basti pensare alla luce fredda dei cristalli, al lucido colore dell'acciaio alle scenografie spaziali, alle costruzioni futuribili. Vengono indossati insieme, da chi ama i contrasti e non ha timore di critiche e giudizi pur cercandoli.

Il BIANCO ed IL NERO opachi, uniti al marrone, rappresentano spesso il passato.
Sono i colori di chi si mette nell'angolo, e solo una grande personalità ed un "essere" veramente, intimamente classico, può indossare abiti senza colore come il grigio o il beige senza scomparire.

IL GRIGIO è il colore della passività, della cenere, che ricorda una vitalità e un fuoco spento, ma non mancano significati positivi quali la neutralità e oggettività che nascono dalla mancanza di forte e istintuale emotività. Chi adopera il grigio dovrebbe associarlo a colori caldi e brillanti che attenuano la propensione alla depressione.

Una diversa attenzione meritano l'ORO e l'ARGENTO.
L'argento dona riflessi lunari ai colori freddi esaltandone l'evanescenza, mentre l'oro li impreziosisce.

L'argento inoltre, si abbina con maggiore difficoltà, ai colori caldi a meno che non venga unito a pietre dalla tonalità calda.
L'oro si abbina ai colori caldi aumentandone la luce, ma quando assume il tono verde e bianco sarà in armonia anche con i colori freddi.
A questo breve elenco, si devono aggiungere le infinite gradazioni , le sfumature, le diverse tonalità , dei colori principali, non dimenticando un principio fondamentale: Schiarendo o scurendo una tinta, il che significa aggiungere o togliere nero o bianco, si esaltano o si attenuano le loro caratteristiche sia positive, sia negative.

Cosa vuol dire sfumato? Ricordiamo la bella definizione che ne fa Adorno:

"Passaggio chiaroscurale, morbido e graduale che, togliendo al volume rappresentato il contorno nitido, lo inserisce nell'atmosfera

circostante, facendolo vibrare dolcemente. E' un procedimento tipico di Leonardo che riesce così a rendere la presenza dell'atmosfera terrestre, sensibile soprattutto a distanza, dove "tutte le parti siano ben finite, ma di termini più fumosi, cioè più confusi."

Il colore sfumato quindi, è un passaggio quasi impercettibile di uno stesso colore sulla scala cromatica, verso il chiaro o verso lo scuro.
La gradazione si autodefinisce come passaggio graduale di uno stesso colore in modo più marcato. E' come se il colore facesse i gradini, mentre la sfumatura andasse su di uno scivolo.
La tonalità di un colore rende lo stesso, un altro colore, a seconda delle miscele usate tra più colori, basti pensare al verde prato, al verde marcio, al verde acido. Sono Verdi nati dall'unione di diverse gradazioni e tonalità di blu e di giallo.

Non a caso, parleremo della musica, parlando di colori, perché come le note sono sette ed infiniti sono i suoni che si riescono a creare, così i colori, sono sette e diventano ugualmente infiniti.

Avremo colori decisi, brillanti, vivaci, spenti, opachi, trasparenti.

E' comunque sconsigliabile nell'abbigliamento e nell'arredamento, accostare due colori secondari, uno accanto all'altro, se non si è più che capaci di trovare un colore legante o due sfumature degli stessi che siano armoniche tra loro.

A noi occorre sapere che le tinte pastello addolciscono, le tinte vivaci si fanno notare, le tinte spente rendono anonimi, le tinte brillanti illuminano…

MITI LEGGENDE E SIMBOLOGIA DEL COLORE:

In "Scintille di Pietra", questo argomento, è stato trattato, anche se in maniera non esaustiva e purtroppo incompleta.

Una intera enciclopedia non basterebbe a raccontare la storia, gli aneddoti, i miti e appunto, le leggende, legate all'esperienza del colore.

Qualora volessimo saperne di più, e ciò potrebbe accadere, avendo stuzzicato la curiosità, è un buon inizio valersi della bibliografia di questo libro.

Sarà come intraprendere uno stimolante viaggio intorno ad un mondo noto a tutti e sconosciuto ai più, dove il colore diventa il motore che conduce a ricerche profonde dai risultati inimmaginabili.

Ci si renderà conto di come il colore appartenga alla storia dell'uomo e al suo percorso evolutivo. Un viaggio dal quale, una volta compiuto, non si potrà più tornare indietro, poiché tutto intorno sarà diverso, tutto acquisterà un valore aggiunto.

Ma, cosa è la simbologia del colore?:

La simbologia è lo studio dei simboli, la loro natura.

Nell'antica Grecia, il simbolo era il mezzo attraverso il quale due parti di un oggetto spezzate in modo irregolare, e date a due persone diverse, si ricongiungevano ed il proprietario di una delle due parti, poteva così farsi riconoscere dall'altra.

Questo significato antico mi sembra si attagli perfettamente al colore poiché ciascuno di noi è uno o più colori.

Lo sapevano bene gli antichi egizi che traducevano il vocabolo **"colore" con la parola "essere"**. Indicando con questo che il colore è essenza e non apparenza.

Essi sostenevano che nel momento della creazione, ai colori era stata tolta la parte divina ed erano stati assegnati ad altri esseri o cose per indicarne la singolarità e così noi, tutta la vita andiamo alla ricerca inconscia del colore giusto.

Chissà se è in questa verità, la ragione per cui veniamo attratti o respinti da alcune persone?

Gli stati d'animo infatti, sono colori per chi li vede e li percepisce e vengono riconosciuti nel nostro cervello più profondo, poiché le cellule comunicano tra di loro con un linguaggio costituito da luce a bassissima frequenza. Sarà il caso di ripetere che il colore è energia e l'energia è costituita da vibrazioni che entrano in contatto con i nostri centri energetici, talvolta modificandoli. Un uso sbagliato del colore ci rende o ci fa apparire negativi, mentre, adoperandolo correttamente, riceviamo e diamo positività.

Imparare il valore del colore nel suo lato simbolico (v. Scintille di Pietra), aiuta a trovare quello giusto.
Un modo simpatico e divertente per scoprire il nostro, è questo:
Scegliere fra i sette colori dell'arcobaleno in questo caso rappresentati da gomitoli di lana colorata, il proprio colore, pensando intensamente "Io sono quel colore" e **NON** :
" Mi piace quel colore"
Tagliarne una gugliata che rappresenta l'Io e poggiarla in modo casuale su di un foglio.
Incollarla, mantenendo la stessa casuale posizione.
Disegnare poi tra le volute della lana, un volto, con la convinzione di fare un autoritratto. Chiaramente non sarà una immagine reale, ma il segno della matita che determinerà il disegno, nasce dal rapporto fantastico proprio tra il pensiero e la casualità.

E' evidente che lo stesso discorso vale anche quando la scelta cade su più di un colore.

Non avremo dipinto la Gioconda, ma avremo tirato fuori un ritratto psicologico, esaltando del volto, la parte che sentiamo maggiormente o quella che più ci fa soffrire, e avremo inconsciamente dichiarato anche il nostro Colore.

Nove volte su dieci, l'autore del disegno vi si riconosce e viene riconosciuto.

I COLORI E LA VITA

Il colore e i cinque sensi:

Toccare: (Sfiorare Avvolgersi) – Sentire – Vedere - Annusare - Gustare-

A questo punto la domanda è legittima: "Cosa c'entra tutto questo con il colore?

Molto, moltissimo. Esaminiamo una ad una queste azioni:

Immaginiamo che il colore sia una persona tra tante, immaginiamo ancora di esserle presentati: la prima cosa che facciamo è porgere la mano, che istintivamente sarà attirata o proverà rifiuto.

Il rifiuto non ha storia, al momento non ci interessa, ma l'attrazione, ci porta al desiderio di saperne di più, di informarci sul proprietario di quella mano. Non è forse vero che useremmo tutte le azioni fin qui descritte?

Non è forse vero che qualora avessimo di fronte quella che riteniamo essere la persona giusta per la vita, avremmo percezioni, intuizioni, desiderio di accarezzare, di farci avvolgere, di piacere, di toccare..?

Questo è il colore e molto di più ancora.

Per conoscerlo meglio, allora, utilizzeremo i cinque sensi:

TATTO:

TOCCARE, è venire in contatto con qualcosa in maniera concreta, (tocco la stoffa)
Psicologica (guai a toccarmi! toccami!)
Emozionale (mi ha toccato il cuore!)
Estesa (tocco il cielo con un dito o al contrario, ho toccato il fondo dell'abisso)
Troverete da soli sicuramente, altri significati del "toccare".

Sfiorare:
E' toccare impercettibilmente, ma anche superficialmente, è anche accarezzare dolcemente...

Avvolgersi:
E' fasciarsi tutt'intorno, è arrotolarsi, avvilupparsi...
E tanto altro ancora...

Ed allora, dopo aver assorbito il significato profondo di questi verbi, ci faremo avvolgere da drappi variamente colorati.

Non li poggeremo soltanto sul decolté, li accarezzeremo, li sentiremo frusciare, li faremo muovere sul nostro corpo, useremo la stoffa per confrontarci con il colore, per valutarne la positività o la negatività sul nostro umore, li faremo diventare parte di noi.
Come?
Mettendoci di fronte a due specchi:
Uno rotondo che prende solo il viso, ed una psiche, il classico specchio che riflette la figura intera.
Avremo a questo punto, bisogno di qualcuno che ci fotografi e che sia in grado di mostrarci contemporaneamente le foto ingrandite sul computer.
In successione, guardiamo le foto e l'immagine riflessa, nello specchio rotondo e nella psiche.
Lo specchio rotondo esalta pregi e difetti del viso, incorniciandolo. Il giudizio che ci dà è inappellabile, ma sincero.

La psiche, mostrando la figura intera, è più generosa e ci dice che se il viso non è il massimo, possiamo far convogliare lo sguardo sulla parte del corpo che più è gradevole.
Lo specchio ci dice come ci vediamo noi, e quasi sempre ci perdoniamo difetti e imperfezioni, consolandoci con un "Però, non siamo da buttar via", la foto, invece, è l'immagine di come ci vedono gli altri, tanto è vero, che difficilmente ci accettiamo "Ma come, possibile che io sia così?"
La fotografia coglie la nostra anima senza infingimenti e non sempre ci apprezziamo quando esploriamo il nostro inconscio.
Tanto dovremo lavorare su di noi, fino ad arrivare a sentirci in armonia in entrambi i casi, fino a quando, cioè, lo specchio e la foto, parleranno lo stesso linguaggio.

Non a caso, la psiche, riceve il suo nome, dalla mitologica Psiche, che si innamorò pazzamente di Eros, condannata a sentirlo, ma non a vederlo.

VISTA:

VEDERE, è percepire con gli occhi, è constatare, è osservare, è guardare, è assistere, è esaminare, è provare, è anche nascere...

Il solo osservare il colore aiuta a tirare fuori la natura più autentica e le più nascoste necessità.

Spargiamo allora su di un piano cartoncini colorati, nastri, gomitoli di filati, stoffe... di quante più possibili tinte riusciamo a trovare.

Circondiamoci di colori e rispondiamo a queste domande in modo immediato e senza pensarci su:

Quale o quali colori scegliamo in base all'istinto?

Quale colore scegliamo con la mente?

Quale colore scegliamo con il cuore?

Quale o quali colori proprio non sopportiamo nei momenti no?
Un esempio per tutti:
Isabella ha scelto per istinto (impulso): azzurro - viola – rosso
Il colore della mente (razionalità): azzurro blu
Il colore del cuore (emotività): rosso
I colori del NO (negatività): verde chiaro – blu – turchese – viola

Le tonalità dei suoi colori tenderebbero, al "freddo", ma l'equilibrio esistente tra il colore della mente e quello del cuore, creano armonia con la nascita del viola.
Usare i colori freddi amplia la mente, dona respiro all'anima, se questi sono freschi e luminosi, favoriscono il pensiero ma vanno controbilanciati nei momenti di assenza energetica, con il rosso e con il giallo.
Poiché é stato accertato l'equilibrio esistente tra mente (pensiero) e cuore (azione emotiva),

Isabella dovrà difendersi dai colori No, con il magenta che è il complementare del verde chiaro – con l'arancio, complementare del blu - con il rosso, complementare del turchese - e con il giallo, complementare del viola, che in alcuni momenti particolari, diventa, da colore dell'equilibrio, colore negativo.

Conclusioni: Di che colori dovrà circondarsi Isabella?

Di magenta, arancio, giallo, quando sentirà il bisogno di una forte energia - di viola luminoso e di azzurro quando sentirà la necessità della quiete.

Un modo pratico per arrivare a stabilire i colori positivi, è quello di fare uno specchietto su di un foglio piegato a metà in verticale, in cui avremo diviso: colori freddi – colori caldi e poi fare una semplice somma, contando i colori secondari due volte, da soli e con i primari che li creano.

Es: viola (*colore freddo*) + rosso *c. caldo* + blu *c. freddo* = la somma è di due colori freddi e uno caldo

Lo studio che abbiamo fin qui fatto dei colori, ci aiuterà a comprendere le nostre necessità. Ciascuno, può infatti, diventare maestro di se stesso. L'unica inderogabile regola è:
USARE LA MASSIMA SINCERITA'. Altrimenti tutto diventa solo un gioco, vacuo ed inutile.

UDITO:
SENTIRE, è avere una percezione, una sensazione, è ascoltare, è venire a sapere, è avere o meno sensibilità verso qualcosa, è provare uno stato fisico, uno stato d'animo, è anche pensare.

Impariamo a sentire il colore, a sintonizzarci sulla stessa frequenza.

"Ascoltare" un colore nel silenzio più assoluto, ci offre la possibilità segreta di metterci in contatto con il nostro io, ma praticamente, come si fa?

Se è vero come è vero che i colori sono energia ricca di vibrazioni, e ciascuno di noi è un colore, che sente più o meno, altri colori, cerchiamo di percepire le sensazioni che ci arrivano.

Non dimentichiamo inoltre, che molti aggettivi usati per i colori sono identici a quelli usati per le note musicali: Colori e note brillanti- colori e note chiare o scure – ritmo musicale, ritmo della scala cromatica e così via...

Molti studi sono stati fatti a questo proposito e trattati dalla scienza e dalle più svariate forme d'arte, da Newton a Kandinsky. Non possiamo certo, qui, trattare dei colori nella musica dal lato scientifico, anche perché nulla è ancora certo, ma possiamo avvalerci delle nostre sensazioni, quando siamo in contatto con le note.

Queste sensazioni, come tutte le cose del mondo, sono relative alla persona, al contesto in cui vive, al suo grado di educazione o di socializzazione…e allora, trattiamole dal lato personale ed individuale.

Proviamo a dare un colore a Chopin, a una canzone di musica leggera, ad un pezzo jazz, ecc… ognuno di noi darà un colore diverso. Su questa visualizzazione di un suono, potremo verificare la corrispondenza con il nostro o i nostri colori.

Ascoltiamo la musica dandole un colore.

Lo sanno molto bene le maestre dell'infanzia che fanno disegnare i bambini fin dalla più tenera età, sotto l'influsso di una musica. Sulla loro scia imitativa potremmo fornirci, tenendoli a portata di mano, di un blocco per schizzi e un set di matite colorate, da usare nel momento dell'ascolto della musica.

Nel tempo, potremo verificare se la musica che preferiamo, ha anch'essa, i nostri colori.

Questo piacevole esercizio, che si potrebbe fare anche in un paio di giorni di vacanza, ci darà una ulteriore conoscenza del nostro io e potrebbe essere di grande aiuto nel momento che sentiamo la necessità di una sferzata di energia, o al contrario, di abbattere una eccessiva esaltazione usando proprio la musica.
Se ad esempio, diamo ad una musica di bolero, che tanto ci fa star bene, il colore **viola**, poiché sappiamo che questo è formato da **rosso** (colore caldo) e **blu** (colore freddo), sarà la concentrazione di questo viola (più o meno rosso – più o meno blu.) a dirci di cosa abbiamo bisogno.
Cercheremo di conseguenza, colori che danno energia o distensione.
Ancora, se ascoltando una qualunque musica, abbiamo un senso di fastidio o di intolleranza, prendiamo subito il nostro blocco e coloriamola.

Non useremo quel giorno, quel colore per nessuna ragione.
Ricordiamoci di questo quando ci vestiremo, per cui seguiremo sì le necessità interiori, ma useremo sempre colori tra loro armonicamente accordati e sarà come comporre una sinfonia, una canzone, un inno.

OLFATTO

Annusare, è aspirare col naso, è fiutare, è respirare, è anche intuire.
E qui, entra in gioco il profumo. Come abbiamo fatto con la musica, cerchiamo il profumo da indossare, viaggiando questa volta nell'universo naturale cogliendo tutte le fragranze dei fiori e delle erbe.

La dottoressa Ciaglia, fitoterapeuta e naturopata, così descrive i fiori:
I fiori corrispondono ad archetipi, a qualità spirituali presenti dalla nascita in ogni essere

umano. Grazie alla precisa frequenza vibratoria che essi esprimono, sono in grado di risvegliare in noi le qualità latenti corrispondenti: il coraggio, la fiducia, l'amore, la comprensione, la pazienza, la duttilità, l'entusiasmo. Tali qualità si pongono sull'altro piatto della bilancia ad armonizzare i nostri difetti o stati negativi.

I profumi, così importanti se arrivano piacevoli all'odorato, raccolgono l'essenza dei fiori, fiori che come abbiamo detto, corrispondono ad alcune qualità innate.

Ogni fiore ha un colore e non sempre è quello dei suoi petali, che sono il contatto visivo. Un mazzo di fiori in un vaso, nella stanza che viviamo maggiormente, è qualcosa che vediamo e che può rallegrarci, ancor di più se del colore che ci piace, ma detto questo, andiamo ad esplorare l'impalpabile mondo del colore del profumo.

Se i fiori hanno delle qualità, hanno anche un colore in cui queste qualità si identificano, perciò non ci si meravigli se i colori dati qui di seguito ai fiori, non sono quelli che sarebbe logico trovare in associazione.

Stiamo parlando di profumi distillati dai fiori, profumi che indosseremo così come indossiamo gli abiti, gli accessori, dopo aver tenuto conto del colore.

A parte la singolarità di ciascuno, da non dimenticare mai, valgono per i profumi gli stessi principi usati fin qui a proposito dei colori. In linea generale:

I colori caldi sono energizzanti
I colori freddi sono calmanti

Chiedere in profumeria o in erboristeria, un fragranza che contenga il fiore ed il colore da

noi scelto, porterà ad una ricerca ricca di soddisfazioni. Sceglieremo il profumo non in quanto tale, ma per le emozioni archetipe che suggerisce.
Avremo trovato il moltiplicatore di tutte le nostre qualità e saremo tutt'uno con la nostra essenza allontanando da noi ogni negatività.
Ecco qui di seguito, un breve e certo non completo elenco di fiori presenti nei profumi:
Acacia – colore celestiale –
Assenzio – verde
Bergamotto – giallo/verde
Caprifoglio – verde canneto
China – rosso/bruno
Fiori chiari – prevalenza di fiori bianchi
Fiori scuri – prevalenza di fiori molto colorati
Garofano – colore deciso
Gelsomino - bianco
Iris –violetto
Lavanda – bianco/lilla
Magnolia – viola

Mandorla - arancio
Méharees – amaranto
Mimosa – giallo
Mughetto – oro
Muschio – blu
Mirra – marrone
Mirto - rosa
Narciso – arancio
Agrumi – oro (giallo carico e brillante)
Rosa rossa- il colore
Rosa rosa – il colore
Rosa gialla – il colore
Sandalo – oro rosso
Spezie – un insieme di colori caldi/oro
Tiaré – bianco

GUSTO:
GUSTARE è percepire con il gusto, è assaporare, è godere nell'essenza, è assaggiare, è mangiare, è piacere, ma è anche riuscire graditi...

Sappiamo tutti quanto sia invitante un cibo ben presentato, una tavola apparecchiata con gusto. Non si dice forse?: Mangiare con gli occhi, oppure "Anche l'occhio vuole la sua parte".
E allora dedichiamoci con attenzione anche a questo momento della giornata:
Andare a tavola.
Viviamo una vita faticosa, sempre di corsa, e crediamo non sia facile per nessuno trovare tanti minuti da dedicare a noi stessi, ma quello che vogliamo ribadire, è che è solo questione di abitudine. All'inizio potrà essere un po' problematico e procedendo a tentoni, si perderà un po' di tempo, ma dopo, diventerà un fatto usuale, quasi meccanico mettere in pratica ciò che avremo imparato.
I risultati daranno anche al momento dedicato al cibo, una lieta soddisfazione.
E allora?
Allora dovremo ancora una volta tirare in ballo i colori caldi ed i colori freddi, cercando di

ricordare le loro qualità, anche per quanto concerne l'alimentazione.

Nell'apparecchiare una tavola (tovaglia – stoviglie – centrotavola ...) non sarà meno importante tenere presente anche l'aspetto "coloristico", oltre che naturalmente l'estetica ed il buon gusto, e nel cucinare non sarà meno importante il colore degli alimenti oltre che la loro preparazione.

Senza voler entrare nei meandri del particolare, cosa che vi invitiamo a fare personalmente, mossi dalla certezza di ricercare il benessere, raccontiamo i colori sinteticamente per la qualità predominante che useremo sia nell'apparecchiare, che nella ricerca dei cibi.

Il **giallo** ricarica dallo stress
L'**arancio** è indicato per chi ha problemi digestivi

Il **rosso** stimola l'appetito per cui è il colore meno indicato per chi è a dieta. Non usarlo nell'apparecchiare

Il **verde** rilassa ed è indicato per rallentare la voracità

Il **blu** smorza il senso di fame e tranquillizza la tensione nervosa

Il **viola** è tra tutti, il colore che spegne la fame allontanando la materialità

Il **bianco** è usato da chi vuole depurare l'organismo (una dieta in bianco)

Il **nero** ha una forte valenza erotica.

Forniti di una borsa di paglia, invece che di una terribile busta di plastica, è piacevole e distensivo andare al mercato al mattino presto, quando l'aria è frizzante e pulita, quando sulle bancarelle sono appena state sistemate le cassette di frutta e verdura dove disegnano incredibili geometrie, dai colori smaglianti irrorati da spruzzi di acqua fresca, pomodori rossi, melanzane viola, peperoni gialli e rossi, insalate, broccoli, spinaci verdi, finocchi e cavolfiori bianchi, zucche arancioni e ancora, cipolle avvolte in trasparenti veli rosa, e limoni gialli, arance, albicocche, ciliegie e poi, i maggiolini del regno vegetale, le fragole rosse punteggiate di nero…

E come non avvicinarsi alla bancarella dei cereali e dei legumi, dove giacciono adagiati uno sull'altro, come dune nel deserto, i sacchi di juta da cui spuntano il rosso ambrato dei fagioli, il bruno delle lenticchie, tutti i bianchi della farina e del riso, il giallo del mais, e il beige dorato della semola e…del grano saraceno..

Un po' distaccato, il banco del pesce dipinto d'azzurro, è una distesa in movimento di bianchi e di argento su cui spiccano come scogli, crespi cespugli di verdissime alghe.

Sotto un tendone blu, protetti da finti vetri, fanno bella mostra formaggi bianchi e gialli, taluni con la crosta nera, altri con una cerata pellicola rossa e trionfi di salumi, rosa, rossi, punteggiati di bianco, di pepe nero o di cedro verde.

E il pane? Dorato croccante profumato. Chiari panini al latte, scuri pani di segale, pagnotte che hanno il colore delle cortecce degli alberi. Pane che da solo racconta la ricchezza o la povertà, il calore familiare o la solitudine. Pane!

Camminare tra i colori ed i profumi come in un sentiero fiorito e chiedersi perché si sceglie un alimento: per il gusto o per il colore? E' la bocca o sono gli occhi ad assaporare, o invece è la memoria…

Cerchiamo la risposta, cerchiamola con vero interesse, perché può essere davvero interessante nonché utile ai fini che ci siamo proposti.

IL COLORE E LE AZIONI

Abbiamo imparato a conoscere quelli che saranno i nostri compagni di viaggio e
adesso entriamo con maggiore consapevolezza nella vita di tutti i giorni cercando per quanto è possibile, di analizzare i vari momenti del quotidiano, applicando lo studio che fin qui abbiamo fatto del colore. Sarà il caso di sottolineare che questa ricerca diventerà personale, poiché qui si danno solo le chiavi della famosa porta della luce.
Ciascuno potrà dedurre **il** o **i** colori da utilizzare per il proprio benessere, che diventa un gioioso ed appagato cammino. La giornata sarà suddivisa in momenti, non in colori, in azioni e in oggetti, per diventare spunto di riflessioni, non insegnamenti, meno che mai, dogmi immutabili.

Aprire gli occhi al nuovo giorno e affrontarlo con la consapevolezza della vita, non pensando che tutto deve andare bene per forza, che tutto deve essere per forza risolvibile, sapendo in partenza che ci saranno momenti di lavoro e di riposo, momenti **si** e momenti **no,** riuscendo a non farsi travolgere da delusioni e dispiaceri e poi, forti di tutto ciò che abbiamo imparato o meglio ancora, assorbito, cominciare a vivere non prima di aver ricordato che il BUONUMORE SI IMPARA e solitamente è contagioso.

La giornata ha inizio, non sempre è facile, non sempre è piacevole aprire gli occhi al nuovo giorno, ma è proprio in quel preciso momento, quando comincia la lotta tra gli occhi che non vogliono aprirsi e la sveglia che trilla il suo "Alzati! " che bisogna partire alla conquista del nostro essere.

Facciamo in modo di trovarci al risveglio di fronte a qualcosa di piacevole: una immagine, vuoi foto, poster, quadro e un oggetto, un mazzo di fiori, qualunque cosa che abbia il potere di allargarci il cuore.

Inevitabilmente senza averne più coscienza per l'abitudine, sposteremo lo sguardo sull'arredamento intorno, sui colori della stanza, in particolare della coperta o del lenzuolo che ci hanno protetto durante la notte, ed ecco la prima cosa da fare molto importante: far sì che l'abitudine non entri mai dove siamo noi, scegliendo di tanto in tanto di cambiare il mondo intorno a noi con lenzuola, copriletto e cuscini di colori diversi. E' evidente che dovrà cambiare anche l'oggetto del primo sguardo.

Quanto tempo sottrarranno alla nostra giornata questi cambiamenti? Poco, qualche minuto in più del solito cambio di lenzuola e sono piuttosto divertenti e poco costosi.

Basterà dedicare qualche momento libero allo shopping, anche nei mercatini, alla ricerca fantasiosa di stoffe , oggetti e quant'altro, dando anche al momento del relax un piacevole ed utile obiettivo.

Poiché la vita è regolata dal colore più di quanto pensiamo, d'ora in avanti ogni interesse sarà dedicato a tutto ciò che è nel nostro potere scegliere per vivere meglio e porci così, nella miglior luce con il prossimo. Non possiamo infatti, pensare di essere graditi agli altri se non abbiamo raggiunto una accettabile conoscenza di noi stessi.

Questa conoscenza avverrà grazie al viaggio nel mondo dei colori, un mondo magico e reale al tempo stesso, ricco di fantasia e di scienza, intriso di generosa energia.

Non ci stancheremo di ripeterlo: Basta pensare alla natura per rendersi conto del valore e dell'importanza del colore.

Cominciamo dunque la nostra giornata pensando che tutti gli oggetti di cui faremo uso in seguito, saranno stati scelti in base al colore che darà maggior carica positiva alla mente e al cuore, n perfetto equilibrio.

Bisogna inoltre tener presente che chi ha tempo, vive con intensità, chi corre, vive superficialmente le sensazioni e non solo quelle, derivate dal colore, ma ambedue, seppure in modo diverso, ricevono i segnali energetici.

Non è faticoso pensare di vivere, è semplicemente straordinario riuscire a farlo.

Ecco un elenco di azioni generalmente usuali a tutti:

Infilare le Pantofole e Indossare la Vestaglia-
Quale meravigliosa percezione avvolgersi nel colore preferito!

Lavarsi i denti – **Spazzolino**:
Lo spazzolino è il primo oggetto che tocca una parte importantissima del nostro corpo: la bocca. E' dalla bocca che spunta il sorriso o il ghigno, è dalla bocca che fuoriescono parole dolci o amare.
E' la bocca, la sede del soffio vitale, come ci racconta la sua interpretazione simbolica. Bisogna trattarla benissimo e darle fin dall'inizio della giornata un colore piacevole perché **i nostri occhi vedono il colore e lo trasmettono in tutti gli angoli del nostro corpo con segnali positivi.** Scegliamo allora lo spazzolino con un colore che infonde voglia di cominciare.

Coloreremo con le sfumature dell'arancio, labbra che illumineranno denti color paglierino, il rosso rubino darà ancora più risalto a denti bianchissimi, e qualora questi fossero irregolari, il rossetto sarà discreto, mentre al contrario, esalteremo gli occhi con un trucco adeguato.

Lavarsi - **Spugna:**
La spugna accarezza, lava, deterge, aiuta a cancellare tracce di sapone sulla pelle. Avere nelle mani una spugna del colore giusto è come farsi accarezzare da una mano amorosa. La pelle è il primo abito che abbiamo avuto dalla natura, osserviamola, curiamola e soprattutto "di che colore è? – Siamo consapevoli che il colore della nostra pelle fa a pugni con alcuni colori?

Asciugarsi – **Asciugamani:**
Gli asciugamani- avvolgono, scaldano, rinfrescano, asciugano, strofinano – Il giusto colore dà piacevoli sensazioni di benessere – un colore sbagliato dà una irragionevole quanto sotterranea irritazione.

Pettinarsi - **Spazzola** - **Pettine** e tutti gli accessori per la bellezza e la protezione dei nostri capelli:
Nei capelli risiede la forza vitale e sono uno degli elementi del nostro corpo presenti in tutte le culture come simboli magici, nella mitologia come nelle favole e anche nella religione, spesso, con la loro rinuncia.

Più che l'utilizzo degli oggetti, sempre importante, è la scelta della tinta dei capelli in base agli occhi, alla bocca, alla pelle, e soprattutto alla luce che ci piacerà trasmettere.

Poiché tutti siamo circondati dall'aura, radiazioni che circondano il corpo e che diventano per alcuni in grado di vederla, veri e

propri cerchi luminosi variamente colorati, dobbiamo sapere che al di là dell'aura, la luce è comunque qualcosa di subliminale, esiste, è reale, nasce da dentro e non si inventa e non si costruisce neanche con un sapiente uso del colore; **si può però imparare a conoscere il modo di farla entrare nella nostra vita.**
Come?
Cominciando a sorridere dei propri difetti, non indugiando sul racconto dei malesseri, delle avversità, degli ostacoli da affrontare...
Tutto si può trasformare in positività da regalare.

Continuando...
Stoviglie:
Non abbiamo forse imparato che una forma o un colore danno anche un sapore diverso al nostro palato? Tazze, piattini, ciotoline...

Vestirsi:

Per stare in casa in totale armonia con se stessi dedicandosi alle faccende domestiche – ad un hobby – o semplicemente riposare.

Pur essendo in piena libertà è il momento più delicato della giornata, perché non avendo timori di essere giudicati, non avendo l'obbligo di piacere, siamo tentati di lasciarci andare indossando la prima cosa che capita, con colori a volte deprimenti o antipatici tra loro.

Sì! perché anche i colori, come gli esseri umani e le piante e gli animali, hanno tra loro, simpatie e antipatie che si riflettono sul mondo circostante.

Pensare per esempio ad un lavoro faticoso ed indossare un abito blu è quanto di peggio possiamo fare, come sappiamo, il blu affina lo spirito ma toglie vigoria al corpo. Proviamo invece a vestirci con qualcosa di rosso corallo, di giallo pulcino, di arancio, colori non eccessivi, ma energetici e gioiosi.

Una vestaglia blu, o una tuta verde smeraldo, invece, saranno il giusto complemento al riposo.

Dobbiamo creare i presupposti della gioia, per raggiungere la luce di cui continuiamo a parlare ed il rispetto che dobbiamo a noi stessi non è un soprabito che togliamo e appendiamo nell'armadio quando siamo soli e solo perché "Tanto non mi vede nessuno".

Molte forme depressive nascono dalla mancanza d'amore e di rispetto verso la nostra persona. E non si accettano frasi del tipo "Ma chi me lo fa fare? Non esiste una ragione per cui dovrei farlo"

Finché si ragiona in modo così negativo, non ci sarà mai una ragione per fare qualcosa, né nasceranno incontri positivi.

Dunque!

Dopo aver deciso cosa indossare, sarà piacevole un trucco discreto, una pettinatura che lasci libera la fronte, non nascondiamoci, almeno quando siamo soli , una leggera acqua di profumo (del colore del profumo), ed infine, sorridere... anche in perfetta solitudine, atteggiare il viso al sorriso tanto da farlo diventare un atteggiamento naturale.

Il sorriso fa respirare meglio, perché porre la bocca in espressione sorridente apre inevitabilmente i polmoni, attenua le rughe d'espressione, distende i piccoli solchi sulle labbra, insomma, provare per credere, rende più giovani e più belli.

Piccolo consiglio è non dimenticare di spalmare le labbra tutte le sere con una crema grassa.

Vestirsi per uscire di casa: per lavoro o per diletto

Vestirsi è una necessità che può diventare un gioco nel cercare i giusti abbinamenti tra abiti, accessori, pettinatura, trucco...alla ricerca dell'armonia che rende mentalmente eleganti, perché l'eleganza è prima di tutto una condizione mentale ed è qualcosa che andrebbe coltivato e studiato così come si studiano gli innesti per creare un nuovo fiore. Un fiore che apre la porta e comincia a camminare nel mondo per esprimere ogni tipo di potenzialità e ricoprire i più diversi ruoli.

Poco importa se l'abito da indossare è sportivo, casual, classico, sensuale, semplicemente pratico o comodo, ciò che conta, è sentirsi a proprio agio.

"Vestire i panni giusti" è raggiungere un grande successo con se stessi. Un successo che trasmette sicurezza e calma, autorevolezza senza superbia e predispone chi abbiamo di fronte a qualunque genere di ascolto.

La cosa veramente importante è indossare un abito con la stessa disinvoltura che riserviamo al costume da bagno, quando in spiaggia, portiamo a passeggio tutti i nostri difetti, cellulite compresa, come se la bellezza del mare o il calore del sole avessero il potere di cancellarli.

Un abito che non sformi la figura, è fondamentale che sia adatto al corpo, sia esso alto, basso, longilineo, in carne, con braccia corte o lunghe, con gambe chilometriche o no, con collo da giraffa o senza collo...e sarà il coraggio e soprattutto la sincerità impietosa che avremo nel porci davanti allo specchio con gli occhi di un altro, "così come ci potrebbe vedere un altro" che ci regalerà l'abito perfetto, ma...

IL COLORE sarà la bacchetta magica che ci farà diventare: se Belle, Bellissime - se Bruttine, un Tipo- se Anonime e un po' Scialbe, Interessanti e Particolari. Dicevamo all'inizio che ci viole coraggio a guardarsi nel profondo.

Una volta indossato l'abito giusto, e questi consigli sono indirizzati soprattutto alla sfera

femminile, cercare di essere improbabili, inaspettate, anche stravaganti ma
MAI ridicole.
Mai sciatte, o disordinate.
Mai una calza sfilata.
Mai un orlo scucito.
Mai uno smalto delle unghie meno che perfetto
Mai e poi mai una macchia
Mai un bottone mancante o peggio, penzolante

Non è pignoleria. E' rispetto verso se stessi e verso gli altri

I COLORI DI - PER – OGNI STAGIONE:

DI - I colori predominanti di ogni stagione:
La Primavera si annuncia con colori luminosi e freschi, le tinte pastello regnano sovrane. Per ricordarlo basterà pensare ai germogli delle piante, ai fiori delle siepi, all'aria frizzante, alle leggere nuvole nel cielo. E' come se oltre ai fiori, sbocciassero anche i colori, che senza aggredire, abituano lo sguardo a passare dai toni freddi e taglienti dell'inverno alla leggerezza primaverile.
L'Estate ci avvolge con colori caldi, vibranti, profondi. La natura si esalta in tutte le sue manifestazioni e si compie la fioritura.
L'Autunno è la stagione che si prepara al riposo, le piante appassiscono, e i caldi colori si ammantano di malinconia. Prevalgono le tinte fosche e tutte le gamme del marrone.
L'Inverno è la stagione fredda per eccellenza, predominano in natura i colori freddi e i

bianchi, mentre al contrario, l'uomo, sentendo la necessità del caldo e non solo climatico, riveste le feste natalizie di rosso e di oro.

**

Per - I colori adatti ad ogni stagione:
Per quanto possa sembrare strano, questo paragrafo non esiste, in quanto non è la persona ad andare dal colore, ma è il colore stesso ad andare verso la persona, infatti l'influenza del clima è pesantissima e il condizionamento diventa forte, poiché siamo portati ad emulare il corso delle stagioni ed i colori relativi.
Tutto dipenderà dalla capacità e dalla intraprendenza, perché no, dal coraggio, di mostrarsi e di voler cambiare la visione delle cose.
Non esiste un colore adatto ad una stagione, esiste però, un colore adatto ad ogni persona.
E sarà quello che dovremo tenere in considerazione. Solo quello!

A questo proposito è d'obbligo una riflessione.
Le case di moda e gli stilisti, propongono ad ogni stagione un colore che diventa "di moda".
Ed é un impresa quasi impossibile trovare un golfino giallo, in qualunque negozio, da quello piccolo, al centro commerciale, se va di moda in quella stagione, il verde, il blu, il rosa...
E' un gioco perverso dal quale sarebbe bene liberarci, perché se è vero, che possiamo indossare qualunque cosa essendo sempre attuali, è anche vero, che il colore non più di moda, viene identificato con l'anno di maggiore produzione e immediatamente datato.
Questo gioco non aiuta le persone a vestirsi come desiderano, ma come il mondo esterno, impone in modo subliminale.
Questo accade per gli abiti, per l'arredamento, per l'oggettistica, addirittura per l'editoria.
Come difendersi?

Tenendo presente la nostra individualità, la nostra personalità, insomma, la conoscenza di noi stessi.

Un esempio di libertà individuale.
Una giornata plumbea, uggiosa, invita a vestirsi con tinte plumbee e uggiose, fosche, scure, ma se, dopo aver imparato l'uso del colore, indossassimo un abito colorato, del colore a noi adatto, e aprissimo, mettiamo che ci doni, un ombrello rosso?
Che spettacolo! Una figura colorata che non si confonde nell'andirivieni di tante figure malinconiche sotto una pioggia che diventa ancora più malinconica.
Certo, ci faremmo notare e non tutti amano mettersi in mostra. Ma è una scelta!
Una scelta che vissuta in piena libertà aiuterebbe le labbra a distendersi nel sorriso, nostro e degli altri.

Se proprio non riuscissimo in questa operazione di contrasto, impariamo ad essere armonici con la natura usando tinte luminose anche se non forti e decise.
E nel momento che usiamo un colore di moda? Personalizziamolo con uno dei nostri colori che risulti in accordo.

Vestirsi per Essere e non per apparire ciò che non si è.

GLI ACCESSORI

Calze.
Guanti.
Foulard, sciarpe, stole,
Fermacapelli, pettinini, fasce, cappelli.
Occhiali. (Da sole e da vista)
Calzature
Cinture
Ombrelli
Borse
Ogni tipo di gioielli o di bigiotteria

Vediamoli uno per uno:

Calze:
Oggi abbiamo a disposizione una infinita scelta di questo capo, per cui alle volte andiamo in confusione.
Tutto si semplificherà però, sottostando a due semplicissime regole: qualora volessimo

indossare calze colorate e non le solite "color carne" o "fumé", dovremo abbinarle al vestito, come continuità dello stesso o farle diventare elemento di contrasto purché non siano isolate dal contesto una volta che ci saremo vestiti. Dovranno avere un richiamo, anche piccolo, con uno dei componenti dell'abito o degli accessori.

E' evidente che una gamba slanciata e perfetta può giocare come vuole con qualunque tipo o colore di calza, ma una gamba corta, grossa, con caviglie pesanti, deve indossare colori e trame discrete e non può e non deve farsi tentare anche se a malincuore, da colori, disegni, losanghe, righe, ricami...

Ma, una donna che possiede mille risorse, sarà capace di mettere in evidenza un'altra parte del suo corpo che nulla ha da invidiare a nessuno.

Per le calzature vale lo stesso discorso, con un piccolo accorgimento in più, si devono infatti, abbinare alle calze e all'abbigliamento.

La statura non è fondamentale ai fini della scelta perché un paio di scarpe col tacco, che slanciano qualunque gamba, paradossalmente, starà benissimo anche ad una alta, così come un paio di scarpe senza tacco, gioverà ad una donna piccola. Tutto sta nel sentirsi a proprio agio. E stare a proprio agio infonde negli altri una serenità di comunicazione.

Guanti:

Vale lo stesso discorso delle calze.
Nella spiegazione simbolica, il guanto non lasciando segni, protegge la mano e l'oggetto toccato, evita contatti con le impurità, è poi simbolo di nobiltà e se bianco, di innocenza.
Lo scandinavo dio Thor, indossava due guanti di ferro che infondevano forza e potenza. Una notizia curiosa è che reperti egiziani risalenti al XXI secolo A.C, sono stati trovati nelle Piramidi e questo dimostra che l'uomo ha sentito da sempre il bisogno di proteggere le

mani con questo accessorio che con varie fortune è passato nei secoli come compagno di chi lavora, di chi è sportivo, è elegante o ha semplicemente freddo.

Le mani come le gambe, non sono una prerogativa di bellezza per tutti e allora, anche per i guanti useremo le stesse regole che abbiamo messo in pratica per le calze: Evidenziare mani lunghe e affusolate. Usare invece discrezione per mani squadrate e larghe, per mani piccole e tozze e lasciare che lo sguardo si fermi al polsino.

Foulard, sciarpe, stole:
Quando questo accessorio è a contatto del colore della pelle del viso, diventa un tramite tra il viso stesso e il capo d'abbigliamento. Qui la nostra bravura nello scegliere il colore giusto, troverà il massimo successo.

Quindi, in sequenza, dopo aver scelto l'abito, la camicia, il golfino che vorremmo indossare, cerchiamo nell'infinita gamma dei colori la tinta che dona ad entrambi.

Non fermatevi al colore (giallo-verde- blu…) semplicemente, ma cercate anche tra le sfumature, perché se è vero che un verde bottiglia ci sta male, è anche vero che un verde smeraldo o un verde acquamarina potrebbe farci risplendere!

Non è una ricerca facilissima, ma rimane straordinaria ai fini della esperienza del colore.

Il cercare il giusto colore è meno impegnativo quando questo accessorio tocca una stoffa e non la pelle, perché non dovremo mediare tra pelle e… vestito. Basterà il giusto abbinamento tra i due capi.

Fermacapelli, pettinini, fasce, cappelli:
La regole, dovremmo ormai averle imparate, sono sempre le stesse:
Esaminare con obiettività il nostro viso dopodiché metteremo in evidenza ciò che

risulta essere la parte migliore. Tutti gli accessori che riguardano i capelli possono diventare il punto di forza del viso o al contrario, il vero punto debole.
Scegliamoli come abbiamo fatto per le sciarpe, mediando tra forma, tinta dei capelli, colore del viso e l'abito.

Occhiali:
Fino dagli albori della sua esistenza, l'uomo ha dovuto abituare lo sguardo al passaggio graduale dei colori, dall'aurora all'alba, dal tramonto alla sera e poi alla notte, dal sole pieno al cielo coperto e nuvoloso. Ha dovuto adattare gli occhi a continui cambiamenti, ricevendone tutti gli influssi più o meno energetici e vitali.
In ricordo degli insegnamenti della memoria storica, cercheremo di usare per trarne beneficio, occhiali colorati con i quali potremo cambiare lo scenario davanti a noi.

Torniamo al "mondo dei colori" di questo testo, troveremo tutti gli spunti necessari per andare alla ricerca delle lenti colorate che ci donano ciò di cui abbiamo bisogno, calma, energia, coraggio, intraprendenza, concentrazione..

Abbiamo anche sperimentato con successo una lente "diversa" che serve solo a rendersi conto di quanto un colore più che un altro, ci faccia bene:

Entrare in una cartoleria, acquistare di quanti più colori possibili, dei fogli di plastica o di acetato, farne dei quadrati da porre sul viso come maschera, e guardare il mondo circostante. Assicuriamo una esperienza esaltante, un po' come guardare una immagine nelle prove di stampa. E' incredibile il risultato che se ne ottiene. Una scena sempre uguale e sempre diversa che salta da emozione ad emozione.

Ricordiamo una frase "Tu vedi tutto con occhiali rosa", ad indicare l'ottimismo di una persona o al contrario " Tu vedi tutto nero".
Gli occhiali simboleggiano la saggezza, la conoscenza e la verità, in quanto vengono adottati, per la vista, da chi è in là con gli anni e poiché la vecchiaia, è indice di ricchezza interiore, ne consegue la spiegazione simbolica. L'abbassamento o la perdita della vista, si traduce in miglior vista interiore e in una raggiunta, non distratta spiritualità. Per un attimo soltanto citiamo studi recenti che operano sulla "Vista" dei ciechi dove si evidenzia " *che i colori non sono nel mondo, ma sono l'esito mirabile di un incontro fra le caratteristiche fisiche inconoscibili del mondo esterno e il sistema percettivo"*.
Pare che i non vedenti abbiano percezione del viola e dell'oro, e riescano comunque, a "sentire" il colore.

Cinture:

La cintura, che definisce la figura, dividendola in due parti distinte, esalta il subliminale dell'essere, tanto è vero che fin dai tempi più antichi, è considerata elemento magico in cui sono racchiusi i poteri e gli archetipi della magia.

La troviamo come elemento predominante in Afrodite, la famosa cintura di Venere, e nei vari miti dai celtici ai greci, dalle storie dei cavalieri alle fiabe.

Tornando alla realtà, la cintura è indossata da chi vuole evidenziare se stesso fra gli altri, può armonizzare con l'abito o diventare elemento di contrasto, molte volte è un elemento di raccordo tra i vari indumenti.

Ombrelli:

L'abbiamo già accennato, gli ombrelli, di cui oggi si dispone una grande varietà, non devono stridere con ciò che abbiamo indossato.

Infatti, se dopo aver scelto con cura tutti i particolari del nostro abbigliamento, ci facessimo incorniciare il viso da un'"aureola" sbagliata, vanificheremmo tutto il nostro lavoro.

E allora armonizziamo l'ombrello ai colori indossati ma teniamo anche presente il colore della pelle.

Un ombrello dai colori caldi, esalterà un viso pallido, colorandolo di riflessi, un ombrello dai colori freddi, attenuerà un viso paonazzo e non dovrà mai essere usato da pelli olivastre.

Prima di scegliere l'ombrello, allora, poniamo dietro al capo stoffe dai colori disparati e cerchiamo quello che per armonia o contrasto, ci rende più giustizia.

Potrebbe sembrare eccessiva questa attenzione, ma nel momento che siamo alla ricerca di noi, facciamo anche questo piccolo sforzo. Quando saremo arrivati alla consapevolezza, potremo commettere anche degli errori, perché il vero problema da superare, non è il giudizio degli altri, ma il nostro su di noi. Quando piove " ma chi ci guarda?" –Ci vediamo noi!

Borse:
Dimmi cosa hai nella borsa e ti dirò chi sei!
Praticità, eleganza, coordinazione, contrasto…
La borsa è un microcosmo che ci accompagna. Contenitore di tutti i tesori o essenziale, sono rarissime le donne che non la usano. Scegliere una borsa è come incontrare un amore. Non ci sono regole, non possono esserci, anche se sono il complemento di tutto l'abbigliamento.
Teniamo solo presente, come timido consiglio, il colore, che non abbia mai a stridere con ciò che abbiamo indosso.
Siamo però convinti, che dopo questo viaggio, sarà impossibile farci accompagnare da una borsa sbagliata. Non riusciremmo a farlo, neanche volendo.

I gioielli, le pietre preziose, la bigiotteria:

Una antica leggenda narra che dove l'arcobaleno tocca terra, nascono pietre che prendono i colori e le energie dei raggi colorati e probabilmente è vero, perché se così non fosse, le donne e non solo, non impazzirebbero per avere dei sassolini colorati che riflettono la luce, appunto, la luce. Le monete d'oro, invece, venivano chiamate dai Celti, ciotoline dell'arcobaleno.

Si racconta che le pietre preziose una volta incastonate, adornando la figura, la rendono immune dalle malattie, dal malocchio, la fortificano, la guariscono, esaltano qualità, correggono difetti. Diventano anche simboli di potere e di comando.

Un loro surrogato, quando quelle vere diventano troppo rare e preziose, sono le pietre prodotte sinteticamente, dove solo il colore e non la formazione molecolare, le fa diventare simbolo.

Rimandiamo ad una ricerca sulla cristalloterapia, i valori delle pietre, ricordando qui, che le pietre seguono di pari passo qualità e negatività dei colori che riflettono.

Stabilito questo, una domanda:
Perché non far diventare l'accessorio un elemento distintivo della nostra persona?
Isadora Duncan viene ricordata ancora oggi, per le sue lunghissime sciarpe oltre che per avere inventato la danza libera e a piedi nudi.
Chi non ricorda le perle di Cocò Chanel o della regina Margherita?
E come dimenticare i cappellini di Jackie Kennedy?
E allora, forza! apriamo l'armadio e scegliamo tra tutti, il complemento all'abbigliamento che d'ora in avanti ci rappresenterà.
Ma…potrebbe anche essere un colore.
Diventare la signora che veste sempre d'azzurro, di grigio, di bianco…per ogni colore

tutte le sfumature, dalla più chiara e luminosa a quella più scura ma intensa, giocando tra abiti, trucco, ed accessori, saltellando tra contrasti ed armonie. Bello eh? Basta provarci! Assicuriamo un bagno di sicurezza e di autostima.

Gli accessori, riassumendo, sono elementi importantissimi fin dai tempi più antichi, poiché raccolgono simboli e archetipi più degli abiti stessi. Diventano talismano, amuleto, pegno d'amore, simbolo di vittoria e di potere...
Usandoli, non dimentichiamolo.! Gli accessori devono diventare i protagonisti del nostro abbigliamento e noi sceglieremo per quelli a diretto contatto con la pelle, una tinta che si abbini all'abito ma anche alle vibrazioni delle emozioni derivanti dal colore.

Non usare mai per un accessorio che va a diretto contatto della pelle, un colore che non sentiamo, anche se in perfetto abbinamento con l'abito. Sarebbe una violenza alla nostra psiche, che prima o poi, trova il modo di ribellarsi con un senso di fastidio che diventa malumore.

Tutti abbiamo colori preferiti o colori invisi, e tutti possediamo una percezione sensoriale piacevole o sgradita per più colori contemporaneamente, quindi, la scelta sarà abbastanza facile. Per gli accessori che completano un abito, sarà opportuno ricordare due parole: Armonia e Contrasto.

Anche se è vero che l'una non esclude l'altra, mentre l'armonia è un gioco di pacificazione con l'occhio, il contrasto stimola lo sguardo, talvolta aggredendolo.

Solo il gusto personale potrà decidere in un senso piuttosto che in un altro.

L'armonia è la felice coesistenza di più colori che hanno la stessa quantità di luce, quindi anche i colori forti, possono essere armonici tra loro, mentre il contrasto nasce da luci e colori diversi tra loro: Chiaro – scuro, brillante – opaco, o più semplicemente, l'abbinamento dei colori tra loro complementari, mentre i secondari, sarà il caso di ripeterlo, messi uno accanto all'altro, diverrebbero invece, stridenti o comunque eccessivi.

***

Mettiamo la parola fine a questo lavoro sapendo di averlo lasciato incompleto, ma dove mancheranno le nozioni necessarie, sarà il cuore, il buon gusto, il senso dell'armonia certamente acquisito, a parlare per noi.
Abbiamo ormai compreso che il colore è un veicolo che serve per estrarre dall'io profondo, tutti i sentimenti più nascosti, donando un vero benessere, soprattutto, non momentaneo. Un benessere che cambia il modo di vedere la vita attraverso il molteplice punto di vista.

INDICE

Premessa pag. 3...............................
L'Arcobaleno - pag.7

L'Albero Giallo- pag.11
L'Albero Viola- pag. 19
L'Albero Arancione- pag. 27
L'Albero Blu -pag. 33
L'Albero Rosso- pag. 41
Yggdrasill…-pag. 47
L'Albero Verde- .pag. 51
L'Albero Indaco- pag. 57
Senza colore - pag. 63
Il Risveglio- pag. 67
Piccolo manuale pag.68

Cosa è il colore pag.73
Il mondo dei colori pag.86
Miti leggende e simbologia del colore pag. 97
I colori e la vita .pag. 101
Il colore e le azioni. pag. 123
I colori di per ogni stagione pag. 138
Gli accessori .pag. 143
Bibliografia .pag. 163

BIBLIOGRAFIA

Questa bibliografia si avvale di testi realmente consultati

ADRIAN FRUTIGER – SEGNI E SIMBOLI- Trad.. SABINA MAGRINI - STAMPA ALTERNATIVA GRAFFITI – ROMA 1996

ALFREDO CATTABIANI - FLORARIO - ARNOLDO MONDADORI EDITORE- MILANO 1996

ANTOINE DE SAINT-EXUPERY – IL PICCOLO PRINCIPE – TASCABILI BOMPIANI 2001

BARBARA ANN BRENNAN - MANI DI LUCE - Trad.. di MARY ARCHER- CORBACCIO EDITRICE- VARESE 2004

CARL G. JUNG – L'ALBERO FILOSOFICO – BOLLATI BORINGHIERI – TORINO 1991

CAITLIN MATTHEWS – I CELT I- XENIA TASCABILI-MILANO 1993

CHARLES MAILLANT - IL CODICE DEI SOGNI - Trad. PAOLA FORTI- - ARNOLDO MONDADORI EDITORE –MILANO 1973

CORINNE MORELL – DIZIONARIO DEI SIMBOLI, DEI MITI E DELLE CREDENZE -Trad.. ENRICA CRISPINO- - GIUNTI -FIRENZE 2006

D.SECCHI - J. CIACCIO - LA CRISTALLOTERAPIA- XENIA TASCABILI- MILANO 1995

DE CHIRICO – PRES. Di MAURIZIO FAGIOLO DELL'ARCO – CLASSICI DELL'ARTE/ CORRIERE DELLA SERA – RIZZOLI - 2004

F.T.PARACELSO – IL TESORO DEI TESORI- BRANCATO- CATANIA 1991

FLAVIO CAROLI - LA STORIA DELL'ARTE RACCONTATA DA FLAVIO CAROL I- ELECTA- MILANO 2001

JOLANDA NIGRO COVRE - ESPRESSIONISMO - ART DOSSIER/ GIUNTI -FIRENZE

FRANCA SILVANI – CROMOTERAPIA - I NUOVI DELFINI TASCABILI GRUPPO EDITORIALE FUTURA – 1999

FRATELLI FABBRI EDITORI – ENCICLOPEDIA DELLA DONNA

G. DEVOTO – G.C.OLI – NUOVISSIMO VOCABOLARIO ILLUSTRATO DELLA LINGUA ITALIANA – SELEZIONE DAL READER'S DIGEST -1997

GINO PIVA - MANUALE PRATICO DI TECNICA PITTORICA - ULRICO HOEPLI

EDITORE S.P.A- MILANO 1998 V EDIZIONE-

GIUSEPPE MORPURGO – LE FAVOLE ANTICHE – G.B.PETRINI – TORINO 1959

GIANNI RODARI – GRAMMATICA DELLA FANTASIA - P.B.EINAUDI - TORINO 1973

GIUSI FERRÈ - COM'ERANO...- CURIOSA- DISPENSA di BRAVA/CORRIERE DELLA SERA - RIZZOLI - OTTOBRE 1978

HANS BIEDERMANN - ENCICLOPEDIA DEI SIMBOLI – GARZAN TI- MILANO 1991

HOWARD E DOROTHY SUN - I SEGRETI DEI COLORI- SONZOGNO- MILANO 1995

JACQUES BROSSE - MITOLOGIA DEGLI ALBERI -Trad. di GIOIA ANGIOLILLO

ZANNINO- - BIBLIOTECA UNIVERSALE RIZZOLI- MILANO 1994

JOHANNES ITTEN – ARTE DEL COLORE - ED. IL SAGGIATORE

LA NATURA E I SUOI SIMBOLI – LO SAPEVI DELL'ARTE / ELECTA -2004

LEONARDO DA VINCI - FRAMMENTI LETTERAR I- GIUNTI BARBÈRA- FIRENZE 1979

LYNN KEITH – I POTERI DI PIETRE E CRISTALLI …- ECO- MILANO 2003

LOWELL PONTE - I COLORI E LA NOSTRA PSICHE - DA SELEZIONE DAL READER'S DIGEST- MILANO NOV.1982

LUCIA PALMARINI – AROMATERAPIA E FLORITERAPIA – GRUPPO FUTURA 1998

MARIELLA AZZALI – DIZIONARIO DELLA MODA - ED. CALDERINI BOLOGNA 1990

MICHEL GODFRYD – DIZIONARIO DI PSICOLOGIA E PSCICHIATRIA – IL SAPERE – ROMA 1994

NADIA FARINA - SENZA DOVE SENZA QUANDO – CATALOGO PLECTICA ED. – SALERNO 2001

PAOLO CORTESI – STORIA E SEGRETI DELL'ALCHIMIA – UNIVERSALE STORICA NEWTON – ROMA 2005

PHILIP BALL – COLOR E- BUR- MILANO – 2001

PICASSO – PRES. Di FRANCO RUSSOLI – CORRIERE DELLA SERA – RIZZOLI - 2004

PIERO ADORNO – L'ARTE ITALIANA - CASA ED. D'ANNA – FIRENZE 1986

PIERRE LEPROHON - VAN GOGH - Trad. di GERARDINA ANTELMI- - EDITORE RUSCONI- MILANO 1990

PIERRE RESTANY - YVES KLEIN - Trad..ANTONIO D'AVOSSA- EDIZIONI SOTTOTRACCIA – SALERNO 1998

ROBERTO ALCIDE - LA CROMOTERAPIA - XENIA EDIZIONI- SAN VITTORE OLONA MILANO 1996

R.P. KAUSHIK – ALCHIMIA ORGANICA – UBALDINI EDITORE – ROMA 1977

SERENA FOGLIA - I SIMBOLI DEL SOGNO - NEWTON COMPTON EDITORI – ROMA 1994

TOMMASO D'AQUINO - L'ALCHIMIA- Cura e trad. di PAOLO CORTESI- NEWTON –ROMA 1996

TURNER – PRES. di SEBASTIANO GRASSO – I CLASSICI DELL'ARTE/ CORRIERE DELLA SERA – RIZZOLI - 2004

WASSILY KANDINSKY - LO SPIRITUALE NELL'ARTE - Cura di ELENA PONTIGGIA- - BOMPIANI- MILANO 1994

VIKTOR MISIANO – CHAGALL - ART DOSSIER /GIUNTI - FIRENZE

VLADIMIR JA. PROPP – MORFOLOGIA DELLA FIABA – G.T.E NEWTON ROMA 1992

ZANICHELLI - IL NUOVO ETIMOLOGICO - BOLOGNA -200

Curriculum Vitae

Nadia Farina , nasce a Milano. Vive e lavora a Salerno. Redattrice di diversi giornali on line e cartacei. Ha cooperato con l'università di Salerno in qualità di collaboratrice alla Cattedra di Storia dell'Arte Contemporanea nei corsi tenuti dal Prof. Flavio Caroli. Autrice e presentatrice di diverse trasmissioni televisive. E' stata membro dell'Osservatorio Urbanistico della Regione Campania in qualità di esperta nell'area Artistico Urbanistica. Ha ricevuto tra gli altri, a Salerno, il prestigioso premio intitolato a San Matteo nella VI edizione.- 2021 Come artista ha presentato innumerevoli Personali fin dal 1980 Come pittrice: il "Cantico delle Creature " nove tele ad olio che sono tra i beni acquisiti del Sacro Convento di Assisi Novembre 2009

"La natura risanata" per il Profagri- Istituto professionale per l'Agricoltura e lo Sviluppo Rurale, sede di Salerno, 2016 " Siamo non siamo"- Aula consiliare – Comune di Baronissi- 2015 "Il Ritorno"- Centro sociale- Pietro de Salvo – Baronissi -P.zza della Repubblica -1999 "Natività" - Duomo di Ravello- 2003 Opere monumentali: Il murales "Ritorno a Furore" – Piazza del ComuneComune di Furore-1993 " La Fontana del Tempo " Via Ligea – Salerno-1997 La

"Fontana del Pellegrino " – Viale FerroviaBaronissi – Sa- 1999 Il " Monumento ai Lanaioli"- Via Aldo Moro- Baronissi – Sa 2015 Come scrittrice -: "La Via Lucis" prefazione di Sabino Palumbieri ordinario di antropologia filosofica presso l'Università Pontificia Salesiana di Roma.- 2005 "Le ricette raccontano" ed. Terra del solepresentato da Antonio di Giovanni- 2011 "Una commedia in quattro angoli" ed. Mreditori presentato da Diego de Silva nel giugno 2018

"Parole oltre il tempo" - ed. Mreditori prefazione di Marcello Napoli già redattore de

"Il Mattino- 2021 "i Pesci si amano senza parole" presentazione di Anna Fiore ed. Mreditori - 2020 "Il sipario" presentazione di Anna Fiore - ed. Amazon

In copertina : Questa notte ho fatto un sogno – 40/60 – olio su tela di Nadia FarinaLe illustrazioni presenti nel libro sono opere dell'autrice .

www.ingramcontent.com/pod-product-compliance
Lightning Source LLC
Chambersburg PA
CBHW052200220526
45471CB00004B/1749